As cinco leis da MAESTRIA

George Leonard

As cinco leis da MAESTRIA

As Chaves para Alcançar o Sucesso e a Realização Pessoal de Forma Permanente

Tradução
Octavio Mendes Cajado

Editora Cultrix
SÃO PAULO

Título do original: *Mastery – The Keys to Long-Term Success and Fulfillment.*

2ª edição 2025.

Obs.: publicado anteriormente como *Maestria – As Chaves do Sucesso e da Realização Pessoal.*

Embora os exemplos citados neste livro sejam da época em que ele foi escrito, não alteram em absoluto a intenção do autor.

Editor: Adilson Silva Ramachandra
Gerente editorial: Roseli de S. Ferraz
Preparação de originais: Alessandra Miranda de Sá
Gerente de produção editorial: Indiara Faria Kayo
Editoração eletrônica: Ponto Design Gráfico
Revisão: Bárbara Parente

Dados Internacionais de Catalogação na Publicação (CIP)
(Câmara Brasileira do Livro, SP, Brasil)

Leonard, George
As cinco leis da maestria: as chaves para alcançar o sucesso e a realização pessoal de forma permanente / George Leonard; tradução Octavio Mendes Cajado. – 2. ed.– São Paulo: Editora Cultrix, 2025.

Título original: Mastery: the keys to long-term sucess and Fulfillment.

ISBN 978-65-5736-399-7

1. Autoajuda 2. Autorrealização 3. Desenvolvimento pessoal 4. Desenvolvimento profissional 5. Sucesso – Aspectos psicológicos I. Título.

25-288497 CDD-158.1

Índices para catálogo sistemático:

1. Autorrealização: Desenvolvimento pessoal: Psicologia 158.1
Eliete Marques da Silva – Bibliotecária – CRB-8/9380

Direitos de tradução para o Brasil adquiridos com exclusividade pela
EDITORA PENSAMENTO-CULTRIX LTDA., que se reserva a
propriedade literária desta tradução.
Rua Dr. Mário Vicente, 368 – 04270-000 – São Paulo, SP – Fone: (11) 2066-9000
http://www.editoracultrix.com.br
E-mail: atendimento@editoracultrix.com.br
Foi feito o depósito legal.

Para John e Julia Poppy

Sumário

Agradecimentos

Minha profunda gratidão ao então editor emérito da *Esquire*, Phillip Moffitt, pelos conselhos sábios, apoio generoso e sua defesa constante e apaixonada deste livro; ele fala com a autoridade de quem está pessoalmente no caminho da maestria.

Devo muito aos meus professores de *aikido*, Frank Doran, Robert Nadeau e Bill Witt, e, de maneira muito especial, a Nadeau, que me deu a ideia de apresentar exercícios baseados nos princípios do *aikido* para um círculo mais amplo de interessados em artes não marciais. Richard Strozzi Heckler, Wendy Palmer e eu fizemos *aikido* juntos por dezoito anos – a princípio como alunos, depois como professores e coproprietários do Aikido de Tamalpais. Somos, porém, mais do que simples colegas na prática de artes marciais, pois nossas vidas se entrelaçam de muitas maneiras; Richard e Wendy fazem parte deste livro. Annie Styron Leonard foi, mais uma vez, a crítica afetuosa, além de editora criteriosa.

Agradeço também à mestra e professora de tênis Pat Blaskower, por sua eloquência sobre as particularidades do processo da maestria, tais como foram apresentadas no Capítulo 1, e a Joe Flower, que realizou entrevistas sobre maestria com figuras importantes de vários esportes. E sou grato, como sempre, a Sterling Lord, intrépido desbravador por vinte e cinco anos.

Um obrigado especial a John e Julia Poppy, a quem dedico este livro. John e eu temos sido colegas e amigos há vinte e oito anos – na revista *Look*, na *Esquire*, aliás, em todas as coisas. Ele contribuiu imensamente para cada um dos artigos sobre Qualificação Máxima, com uma inteligência, elegância e lucidez raras nos assuntos mais difíceis. A luz que é Julia Poppy, minha irmã, iluminou-me o caminho durante toda uma existência, e seu espírito tocou tudo o que já fiz. Este livro não teria sido possível sem os dois.

Introdução

Em 1987, pelo quarto ano consecutivo, o número de maio da revista *Esquire* publicou uma seção especial sobre o que se denomina Qualificação Máxima. Essas seções especiais exigiam um espaço maior do que o que se concede habitualmente a um assunto dessa natureza. "Em última análise", escrevi no primeiro da série, "a aptidão e a saúde estão relacionadas com tudo o que fazemos, pensamos e sentimos. Assim [...] o que estamos chamando de Qualificação Máxima tem menos a ver com disputar uma maratona de duas horas e meia e mais com viver bem a vida."

As edições anteriores de Qualificação Máxima tinham despertado um interesse excepcionalmente grande, mas o número de maio de 1987 foi um pouco além. O assunto, desta vez, era a maestria, "o processo misterioso durante o qual o que a princípio era difícil se torna progressivamente mais fácil e agradável por meio da prática". O artigo visava descrever o melhor caminho para a maestria, não só nos esportes, mas também em relação à vida como um todo, além de advertir o leitor da mentalidade imediatista vigente, que coloca resultados rápidos e fáceis acima de uma longa dedicação à jornada propriamente dita.

A resposta foi imediata e inusitada. Começaram a surgir, vindos de todos os lados, pedidos de números extras, separatas e reimpressões. Circulares da administração solicitavam permissão para reimprimir trechos da matéria da *Esquire*. Presidentes de grandes empresas distribuíram fotocópias aos funcionários. Grupos de treinamento de diversos tipos passavam horas discutindo os princípios da maestria. As cartas ao editor eram numerosas e eloquentes. Um piloto da Marinha, por exemplo, escreveu que encontrara dificuldade para pousar o F-14 Tomcat em um porta-aviões. "Eu [...] me achava no processo de fazer a segunda, e talvez última, tentativa quando comprei o número de maio. Os ensinamentos que obtive com a descrição da jornada do mestre, feita pelo sr. Leonard, deram-me uma porcentagem extra da disciplina mental de que eu precisava para tornar o percurso deste trecho do meu caminho relativamente fácil."

Eu sabia que era necessário um livro que proporcionasse plena compreensão do modo com que se poderia chegar ao caminho da maestria e nele permanecer, mas, naquela ocasião, estava envolvido com um ensaio sobre a década de 1960, e supunha que o interesse pelo assunto poderia se desvanecer, mas estava errado. A infinidade de comentários e consultas que continuo a receber me convenceu de que, mais do que nunca, a mentalidade da pressa, do alívio rápido e temporário, imediatista, não funciona no longo prazo e se revela, por fim, perniciosa para o indivíduo e a sociedade. Se houver alguma rota que conduza ao sucesso e à realização na vida, ela só será encontrada no processo de longo prazo, essencialmente sem objetivo, da maestria. Isso parece ser verdade tanto na vida pessoal como na profissional, tanto na economia como na patinação sobre o gelo, tanto na medicina como nas artes marciais.

Foram as artes marciais, na realidade, que me deram a ideia original do artigo da *Esquire* e deste livro. Venho praticando *aikido* desde 1970 e o tenho ensinado com regularidade desde 1976. Com seus movimentos harmônicos e sofisticados e todo o seu repertório de balanços e quedas, o *aikido* é conhecido de modo geral como a mais difícil das artes marciais para se dominar. Sobre o tatame de treino, descobre-se toda e qualquer tentativa de embuste ou burla; as imperfeições se manifestam; a pressa é impossível. Ao mesmo tempo, intensificam-se os prazeres da prática. O tatame, como digo com frequência aos meus alunos, é o mundo, mas é o mundo sob uma lente de aumento.

Uma escola de *aikido*, portanto, é o laboratório ideal para estudar os fatores que trabalham a favor do aprendizado de longo prazo, ou contra ele. À medida que centenas de alunos passavam pela nossa escola, comecei a reconhecer padrões característicos na maneira como encaravam a arte. Os tipos de aprendizes que eu caracterizaria mais tarde como o Diletante, o Obsessivo e o Picareta (ver Capítulo 2) revelavam-se, na maioria dos casos, depois de umas poucas aulas. Fiquei surpreso ao descobrir que não eram necessariamente os mais talentosos que perseveravam na longa estrada rumo à faixa preta e além dela. Comecei a compreender que, embora as pessoas pudessem enveredar por caminhos diferentes em direção à maestria, todos os caminhos levavam à mesma direção geral – uma direção que poderia ser mapeada com facilidade.

Mas as descobertas que eu fizera na escola de *aikido* poderiam se aplicar a outras práticas? As entrevistas que realizei na época do número especial da *Esquire* e também depois disso, aliadas à resposta extraordinária dada ao próprio artigo da revista, mostraram-me que o que é verdade para os praticantes de *aikido* também é verdade para os aprendizes de qualquer arte que tenha relevância: administradores, artistas, pilotos, alunos de escolas primárias, secundaristas, carpinteiros, atletas, pais, devotos religiosos e até culturas inteiras em processo de mudança.

O pensamento imediatista pode prevalecer no momento, mas a jornada do mestre tem raízes profundas. Tem também profunda ressonância. Pode-se dizer, na verdade, que não se trata de uma ideia cujo momento chegou, mas de uma ideia que sempre esteve conosco – e é exatamente disso que precisamos nos lembrar. Agrada-me saber que a vida de tantas pessoas já mudou para melhor por intermédio desse lembrete, e espero que o livro aumente o número dos que estão nesse caminho.

Primeira Parte

A Jornada do Mestre

Introdução

Comece com algo simples. Experimente tocar a testa com a mão.

Bem, isso é fácil, automático. Nada de mais. Mas houve um tempo em que você estava tão afastado do domínio dessa simples arte quanto o sujeito que não sabe tocar piano está da execução de uma sonata de Beethoven.

Em primeiro lugar, você teve de aprender a controlar os movimentos das mãos (você não passava de um nenenzinho nessa ocasião) e, de um jeito ou de outro, teve de aprender a movimentá-las para onde queria. Teve de desenvolver uma espécie de "imagem" cinestésica do corpo, a fim de poder conhecer a relação existente entre a testa e outras partes do corpo. Teve de aprender a comparar essa imagem com a imagem visual do corpo de um adulto. Teve de aprender a imitar os gestos de sua mãe. Tarefa importante, não se iluda. E ainda nem tocamos na questão da língua – aprender a decifrar sons modelados como palavras e ajustá-las aos seus atos.

Só depois de tudo isso pôde participar do jogo de aprendizado que os pais, em toda parte, fazem com os filhos: "Onde está o seu nariz? Onde estão as suas orelhas? Onde está a sua testa?". Como acontece com toda aprendizagem importante, esta não se deu em linha reta, mas em etapas: breves momentos de um avanço considerável separados por períodos durante os quais você tinha a impressão de não estar indo a parte alguma.

Mesmo assim, você aprendeu uma arte essencial. E, o que é mais importante, aprendeu a aprender. Começou com uma coisa difícil e tornou-a fácil e agradável por meio de instrução e prática. Iniciou uma jornada de mestre. E, se foi capaz de aprender a tocar a testa, poderá aprender a executar uma sonata de Beethoven, pilotar um avião a jato, ser um administrador melhor ou aprimorar seus relacionamentos. A sociedade atual trabalha de inúmeras maneiras para nos desencaminhar, mas o caminho da maestria está sempre lá, à nossa espera.

CAPÍTULO 1

O Que é Maestria?

A palavra resiste à definição, mas pode ser reconhecida de imediato. Apresenta-se de muitas formas, mas segue leis imutáveis. Traz ricas recompensas, mas não é de fato uma meta ou um fim; é muito mais um processo, uma jornada. Chamamos essa jornada de *maestria* e tendemos a achar que ela requer um bilhete especial, que só pode ser adquirido por pessoas nascidas com capacidades excepcionais. Acontece, porém, que a maestria não está reservada aos superdotados, nem mesmo aos que tiveram a sorte de começar cedo essa empreitada. Está ao alcance de quem quer que esteja disposto a entrar no caminho e permanecer nele – independentemente da idade, do sexo ou da experiência anterior.

A dificuldade está no fato de que temos poucos mapas, se é que temos algum, para nos guiar na jornada ou mesmo para nos mostrar como encontrar o caminho. O mundo moderno, de fato, pode ser visto como uma prodigiosa conspiração contra a maestria. Somos continuamente bombardeados com promessas de satisfação imediata, sucesso instantâneo e alívio rápido e temporário, que nos conduzem com exatidão à direção errada. Mais tarde, daremos uma olhada na mentalidade imediatista, antimaestria, que impregna a sociedade, e veremos como ela não só nos impede de desenvolver nossas capacidades latentes, mas também nos ameaça a saúde, a educação, a carreira, as relações e talvez até a viabilidade econômica nacional. Analisemos primeiro, porém, a maestria propriamente dita.

A jornada da maestria começa sempre que você decide aprender alguma nova arte – como digitar, cozinhar, tornar-se um advogado, um médico ou um contador. Mas ela atinge uma agudeza especial, uma qualidade próxima da poesia ou do drama, no campo dos esportes, em que os músculos, a mente e o espírito se juntam em movimentos graciosos e intencionais ao longo do tempo e do espaço. Os esportes propiciam um bom ponto de partida para essa exploração, visto que os resultados do treinamento no terreno físico são rápida e claramente visíveis. Tomemos, portanto, um esporte conhecido, o tênis, como um caso hipotético por meio do qual podemos inferir os princípios que fundamentam a maestria de todas as práticas, físicas ou de qualquer outra natureza.

Digamos que você esteja em excelente forma física, mas não é, de maneira alguma, um atleta de alto rendimento e qualificado. Você brincou por aí com esportes de movimento, como o vôlei e o beisebol, que envolvem a coordenação entre a mão e os olhos, e jogou um pouco de tênis, mas não muito – o que talvez seja uma boa coisa. Se quiser sair no encalço da maestria, é melhor começar com uma ficha limpa do que ter de desaprender maus hábitos adquiridos enquanto pisava na bola e distribuía caneladas por aí.

Agora você encontrou uma professora, uma profissional conhecida por haver iniciado jogadores nos fundamentos dessa arte, e comprometeu-se consigo mesmo a fazer pelo menos três visitas semanais à quadra de tênis. Você está a caminho da maestria.

Isso começa com pequenos passos. A professora lhe mostra como segurar a raquete, a fim de que ela bata na bola no momento correto. Faz você trazer a raquete do lado direito (se for destro) ou esquerdo do corpo (se for canhoto) para aplicar um *forehand*, até que encontre a posição de força máxima do punho. Colocando-se diante de você, do mesmo lado da rede, ela atira bolas em direção ao seu braço estendido e, depois de cada golpe, pede que lhe diga se bateu na bola antecipada ou tardiamente. Ela lhe mostra como deve coordenar os movimentos dos ombros e dos quadris com o do braço, e como avançar em direção à bola. Faz correções, encoraja-o. Você se sente terrivelmente desajeitado e descoordenado. Precisa *pensar* em como manter as partes do corpo em sincronia, e essa reflexão atrapalha a graça e a espontaneidade dos movimentos.

Você se vê ficando impaciente. Esperava se exercitar, mas essa prática não lhe proporciona movimento suficiente sequer para transpirar um pouco. Você gosta de ver a bola passar por cima da rede e atingir o verde-escuro da quadra, mas a professora lhe diz que não deve nem mesmo pensar nisso nessa fase. Você é o tipo de pessoa que se importa muito com resultados, e parece não estar obtendo resultado algum. A prática apenas continua: segure a raquete direito; perceba o momento em que a raquete faz contato com a bola; movimente os ombros, os quadris e o braço juntos; dê um passo em direção à bola – você não parece estar chegando a lugar nenhum.

Então, depois de cinco semanas de frustração, surge uma luz. Os vários componentes do golpe começam a se juntar, quase como se seus músculos *soubessem* o que fazer; você já não precisa pensar em cada mínimo detalhe. Na sua percepção consciente há mais espaço para ver a bola, para ir ao encontro dela com limpidez, em um golpe que começa na parte de baixo e termina lá no alto. Você sente vontade de bater na bola com mais força, de começar a jogar de forma mais competitiva.

Nada feito. Até agora, o abastecimento de bolas ficou por conta da professora. Você não precisou sair do lugar. Mas agora terá de aprender a se movimentar de um lado para o outro, para trás e para a frente, em diagonal e, depois, posicionar-se e golpear a bola. Você volta, então, a se sentir desajeitado, descoordenado. Desanima ao perceber que está perdendo um pouco do que já tinha ganhado. No instante, porém, em que se sente pronto para dar os exercícios por encerrados, aquela falta de coordenação para de piorar. Mas também não está melhorando nem um pouco. Dias e semanas se passam sem nenhum progresso aparente. Lá está você, naquela maldita estagnação.

Para a maioria das pessoas educadas nesta sociedade, a fase de estagnação pode ser uma forma de purgatório. Ela faz eclodir emoções desconhecidas. Extravasa motivações ocultas. Você compreende que procurou o tênis não só para se exercitar, mas também para fazer bonito, para poder jogar com os amigos, para *vencer* os amigos. Decide-se a ter uma conversa com a professora. Quanto tempo, pergunta, levarei para dominar este troço?

A instrutora responde: "Você está querendo saber quanto tempo levará para se posicionar automaticamente e dar um golpe que mande a bola efetivamente aonde quer?".

"Isso mesmo."

Ela faz uma pausa. Essa é uma pergunta que ela sempre teme.

"Bem, para alguém como você, que começou a jogar tênis já adulto, se praticar uma hora, três vezes por semana, levará, em média, cinco anos."

Cinco anos! O coração quase sai pela sua boca.

"Em teoria, mais ou menos a metade desse tempo será de instrução. É claro que, se estiver muito motivado, o tempo poderá ser menor."

Você decide tentar outra pergunta.

"Quanto tempo levarei até poder jogar competitivamente?"

"Competitivamente? Esse é um termo pesado."

"Quero dizer, jogar bem o bastante para vencer um amigo."

"Eu diria que, provavelmente, poderá começar a jogar depois de uns seis meses. Mas não deve começar a jogar tendo a vitória por principal objetivo enquanto não tiver um domínio razoável do *forehand,* do *backhand* e do saque. E isso levará cerca de um ano a um ano e meio."

Outra dose amarga de realidade.

A professora continua explicando. O problema com o tênis não está apenas no fato de que a bola fica em movimento, assim como a raquete, e que é preciso dominar tudo isso, mas também no fato de que *você* tem de se movimentar. Além disso, a menos que trabalhe com um profissional capaz de colocar todas as bolas no lugar certo, muito do tempo gasto na quadra será para pegar as bolas. Tabelas ajudam. Máquinas de lançar bolas ajudam. Mas jogar para fazer pontos, procurando vencer um amigo, realmente se limita a quem está com o saque e quem perde primeiro o controle da bola. Os pontos costumam durar no máximo três trocas por cima da rede. Não se ganha muita prática. O que você realmente precisa é bater na bola milhares de vezes em circunstâncias muito bem controladas em cada etapa ao longo do caminho: *forehand, backhand,* trabalho de pés, saque, aprender a dar *spin* na bola, ir à rede, posicionamento, estratégia. E o processo costuma ser progressivo. Você não pode queimar etapas. Não pode, na verdade, trabalhar na estratégia, por exemplo, enquanto não tiver o posicionamento muito bem controlado. Com a apresentação de cada nova fase, terá de recomeçar a *pensar,* o que quer dizer que as coisas vão se desarranjar por um tempo.

A verdade começa a ser compreendida. A busca da maestria nesse esporte não lhe trará as recompensas rápidas que esperava. Você tem à frente uma estrada aparentemente interminável, com inúmeros obstáculos ao longo do caminho e – o que é mais importante – muito tempo de estagnação, durante o qual as longas horas de prática diligente não resultarão em nenhum progresso aparente. O que não é uma situação agradável para alguém tão voltado a metas.

Você compreende que terá de tomar uma decisão em algum ponto dessa jornada, talvez agora mesmo. Sente-se tentado a largar o tênis e sair à procura de outro esporte, algo mais fácil. Ou poderá esforçar-se em dobro, insistir em aulas extras, praticar dia e noite. Ou ainda desistir das aulas e ficar com o que quer que tenha aprendido na quadra; poderá esquecer esse negócio de aprimorar o jogo e contentar-se em se divertir com os amigos, que não jogam muito melhor que você. É evidente que você também poderá fazer o que lhe sugerem os professores: permanecer na longa estrada da maestria. Qual será sua decisão?

A pergunta, esse momento de escolha, surge uma infinidade de vezes na vida de cada um de nós, não exatamente a respeito do tênis ou de qualquer outro esporte, mas em relação a tudo o que se refere a aprendizado, desenvolvimento, mudança. Às vezes, escolhemos depois de uma cuidadosa reflexão, mas, com frequência, a escolha é descuidada – quase inconsciente. Seduzidos pelo canto da sereia de uma sociedade consumista e imediatista, às vezes optamos por um curso de ação que só nos traz a ilusão da realização, a sombra da satisfação. E, às vezes, conhecendo pouco ou nada acerca do processo que conduz à maestria, sequer nos damos conta de que há uma oferta de escolha. No entanto, até mesmo a incapacidade de escolher conscientemente opera escolhas, aumentando ou diminuindo o potencial do qual possivelmente lançaremos mão.

A evidência é clara; todos nós, que nascemos sem defeitos genéticos sérios, já nascemos geniais. Sem nenhuma instrução formal, podemos dominar o amplo sistema simbólico da língua falada – e não apenas de uma língua, mas de várias. Podemos decifrar o código complexo das expressões faciais – feito capaz de paralisar o circuito do mais poderoso computador. Podemos decodificar e, de um modo ou de outro, expressar as sutilezas de nuances emocionais. Mesmo sem instrução formal, somos capazes de fazer associações, criar categorias abstratas e construir hierarquias significativas. E, o que é mais surpreendente, podemos inventar coisas nunca vistas antes disso, formular perguntas nunca antes respondidas e procurar respostas além do mundo estelar. Diferentemente dos computadores, podemos nos apaixonar.

O que chamamos de inteligência manifesta-se de muitas maneiras. Howard Gardner, da Universidade de Harvard e da Escola de Medicina da Universidade de Boston, identificou sete tipos de inteligência: linguística, musical, lógico-matemática, espacial, corpóreo-cinestésica e dois tipos de inteligência pessoal que podem ser descritos como intrapessoal e interpessoal. Nossos talentos variam, pelo menos em relação a essas sete. Mesmo assim, cada um de nós se apresenta munido de suficiente capacidade natural em todos os domínios para alcançar o estado aparentemente raro e misterioso que denominamos maestria em algum modo de pensamento e expressão, em algum empreendimento interpessoal e empresarial, em alguma arte ou ofício.

Isso também é verdadeiro do ponto de vista físico. Acreditava-se outrora que nossos antepassados primitivos eram criaturas dignas de pena se fossem comparados a outros animais das florestas e das savanas. Carecendo de presas, garras e as capacidades físicas especializadas dos predadores, nossos ancestrais sobreviviam, supostamente, apenas por causa do grande cérebro e da habilidade de usar instrumentos. Essa suposição subestimou a prodigiosa capacidade humana de criar agrupamentos sociais complexos, bem construídos, um desafio que, mais do que a produção de instrumentos, explica o desenvolvimento do grande cérebro.

Também subestimou o corpo humano.

Muito se tem falado sobre a flamejante velocidade do guepardo, os saltos prodigiosos do canguru, as habilidades subaquáticas do golfinho e as proezas atléticas do chimpanzé. Mas o fato é que nenhum animal se iguala, em capacidade atlética versátil, ao animal humano. Se fôssemos organizar um decatlo para ser disputado por mamíferos, constituído de corridas de velocidade, corridas de resistência, salto em distância, salto em altura, natação, mergulho, ginástica, lutas, movimento de pernas etc., outros animais venceriam quase todos os eventos individuais. Mas um humano bem treinado sairia vencedor, conquistando a maior soma de pontos no âmbito global. E, em um dos eventos – corrida de resistência –, o humano venceria todos os outros animais de tamanho comparável, e até alguns bem maiores do que ele. Se nascemos gênios do pensamento e do sentimento, nascemos também gênios *in potentia* do corpo, e existe, sem dúvida, um esporte ou uma atividade física qualquer em que cada um de nós poderá se sobressair.

Mas o gênio, por mais brilhante que seja, dará em nada ou se esgotará com rapidez se não optar pela jornada do mestre, que o conduzirá por um caminho árduo e estimulante ao mesmo tempo. Ela lhe trará sofrimentos inesperados e surpreendentes recompensas, e você jamais vai alcançar um destino final. (Seria, na verdade, como se uma habilidade diminuta pudesse ser, final e completamente, dominada.) É provável que acabe aprendendo tanto a respeito de si mesmo quanto da atividade que deseja exercitar. E, embora possa se surpreender várias vezes com o que vai aprender e a maneira de fazer isso, seu progresso no sentido da maestria assumirá quase sempre um ritmo característico, mais ou menos parecido com isto:

Curva da maestria

Na realidade, não há maneira de contornar o fato. O aprendizado de qualquer nova habilidade envolve breves momentos de um progresso considerável, cada qual seguido de um ligeiro declínio até uma estagnação em um ponto um pouco mais alto, na maioria dos casos, do que a estagnação precedente. A curva apresentada anteriormente é idealizada.

Na experiência real de aprendizado, o progresso é menos regular; os momentos de avanço ascendente variam; os platôs têm os próprios declives e aclives ao longo do caminho. Mas a progressão geral é quase sempre a mesma. Se quiser percorrer o caminho do mestre, terá de praticar com diligência, esforçando-se para lapidar suas habilidades a fim de atingir novos níveis de competência. Mas, enquanto faz isso – e este é o fato inexorável da jornada –, também deverá estar disposto a passar a maior parte do tempo estagnado e a continuar com a prática ainda que tenha a impressão de não estar indo a parte alguma.

Por que será que o aprendizado é feito em breves momentos de um progresso considerável? Por que não podemos fazer firmes avanços ascendentes no caminho rumo à maestria? Como vimos no caso do tênis, temos de continuar praticando, muitas e muitas vezes, um movimento que não nos é familiar, até "alcançarmos a memória muscular" ou "programá-lo no piloto automático". O mecanismo específico por meio do qual isso se dá não é conhecido por completo, mas é provável que se ajuste muito bem a essas descrições informais. Karl Pribram, professor de Neurociência e pesquisador pioneiro do cérebro na Universidade de Stanford, explica-o em termos de hipotéticos sistemas que relacionam cérebro e corpo. Ele começa a explicação citando um "sistema habitual de comportamento", que funciona em um nível mais profundo que o do pensamento consciente. Esse sistema envolve o circuito reflexo da medula espinhal, como também várias partes do cérebro às quais ela está ligada. O sistema habitual lhe faculta fazer coisas – devolver um saque contundente no tênis, tocar uma corda de violão, perguntar um endereço em uma nova língua – sem se preocupar com o *modo* como as faz. Porém, quando você começa a aprender uma nova habilidade, precisa pensar nela, e é necessário se esforçar para substituir velhos padrões de sensibilidade, movimento e cognição por novos padrões.

Isso põe em ação o que poderia ser chamado de sistema cognitivo, associado ao sistema habitual, e um sistema de esforço, associado ao hipocampo (situado na base do cérebro). O sistema cognitivo e o sistema de esforço tornam-se subgrupos do sistema habitual por tempo suficiente para modificá-lo, para lhe ensinar um novo comportamento. Em outras palavras, o sistema cognitivo e o sistema de esforço "ligam-se" ao sistema habitual e o reprogramam. Feito o serviço, ambos os sistemas saem de cena. A essa altura, você não precisa parar para pensar, digamos, na maneira como empunha a raquete cada vez que é preciso dar um golpe com ela.

Sob essa nova luz, você pode ver que os breves momentos de avanço ascendente na curva da maestria não são, de forma alguma, a única ocasião em que acontece algo importante ou emocionante. O aprendizado geralmente ocorre em etapas. Uma etapa termina quando o sistema habitual foi programado para a nova tarefa, e os dois sistemas, o cognitivo e o do esforço, saíram de cena. Isso significa que você pode executar a tarefa sem fazer um esforço adicional para pensar em cada etapa separadamente. Nesse ponto, registra-se um aparente momento de progresso considerável na aprendizagem. *Mas a aprendizagem vem ocorrendo durante o tempo todo.*

De que maneira você se movimenta melhor rumo à maestria? Em outras palavras, e falando de modo mais simples: você pratica com diligência, mas pratica principalmente *por amor à própria prática*. Em lugar de se sentir frustrado enquanto está estagnado, você aprende a apreciar essa situação e a desfrutá-la tanto quanto aprecia e desfruta os progressos ascendentes.

Mas aprender a apreciar a fase de estagnação é adiantar o assunto. Deixe-me, antes, apresentar-lhe três personagens – o Diletante, o Obsessivo e o Picareta – que passam pela vida, cada qual a seu modo, optando por *não* realizar a jornada do mestre. Quem sabe estejamos nos apresentando a nós mesmos.

CAPÍTULO 2

Conheça o Diletante, o Obsessivo e o Picareta

Todos aspiramos à maestria, mas o caminho, sempre longo e não raro rochoso, não promete recompensas rápidas nem fáceis. Por isso procuramos outras trilhas, e cada uma delas atrai certo tipo de pessoa. Será que você se reconhece em algum dos três gráficos a seguir?

O Diletante

O Diletante aproxima-se de cada esporte, carreira, oportunidade ou relacionamento com enorme entusiasmo. Ama os rituais envolvidos no início das coisas, o equipamento vistoso, o jargão, o brilho da *novidade*.

Quando tem o primeiro momento de progresso considerável em um novo esporte, por exemplo, sente-se muito alegre. Mostra seu físico à família, aos amigos e às pessoas que encontra na rua. Mal pode esperar pela aula seguinte. Mas, na descendência desse instante de ápice, sente-se como se tivesse recebido um choque. A estagnação que se segue à queda é inaceitável, se não incompreensível. O entusiasmo dissipa-se com rapidez. Ele começa a faltar às aulas. Sua mente é tomada por racionalizações. Esse, na verdade, não é o esporte certo para ele. É muito competitivo, ou não competitivo o bastante; muito agressivo, ou não agressivo o suficiente; entediante, perigoso, seja lá o que for. Diz a todo o mundo que esse esporte não satisfaz às suas necessidades particulares. Mudar para outro esporte dá ao Diletante a oportunidade de voltar a representar o roteiro do início. Pode ser que chegue à segunda fase de estagnação desta vez, pode ser que não. Depois, ele começa alguma outra coisa.

O mesmo se aplica à carreira. O Diletante gosta de novos empregos, novos escritórios, novos colegas. Ele enxerga oportunidades a cada passo. Fica com água na boca ao pensar nos salários que idealiza. Delicia-se com os sinais de progresso, os quais relata à família e aos amigos. Ah, eis a estagnação outra vez. Afinal de contas, talvez esse emprego não seja o certo para ele. Já é hora de começar a procurar outra coisa. O Diletante tem um longo currículo.

Nos relacionamentos amorosos (talvez um lugar inesperado para procurar sinais de maestria, mas ainda assim um bom lugar), o Diletante especializa-se em luas de mel. Diverte-se com a sedução e a entrega, a narração de histórias, a exibição de truques e armadilhas do amor: o ego em manifestação. Quando o ardor inicial passa a esfriar, ele começa a olhar para os lados. Permanecer no caminho da maestria significaria mudar a si mesmo. É muito mais fácil pular para outra cama e recomeçar o processo. O Diletante se julga um aventureiro, um *connoisseur* de novidades, mas está, provavelmente, mais próximo do que Carl Jung denomina *puer aeternus,* ou seja, a eterna criança. Embora os parceiros mudem, ele continua o mesmo.

O Obsessivo

O Obsessivo é o tipo de pessoa oportunista, que não se contenta em ser o segundo da lista. Sabe que o que conta são os resultados, e não importa o modo como os consegue, contanto que os consiga depressa. De fato, ele quer impressionar já na primeira aula. Fica depois do horário conversando com o instrutor. Pergunta que livros e vídeos pode obter para ajudá-lo a progredir mais depressa. (Inclina-se para o ouvinte enquanto fala. Sua energia é evidente ao caminhar.)

O Obsessivo começa fazendo avanços robustos. O primeiro momento de progresso considerável é exatamente o que ele esperava. Mas, quando regride, o que é inevitável, e se surpreende na fase de estagnação, simplesmente não aceita o fato. Redobra os esforços, sem piedade de si mesmo. Recusa-se a aceitar o conselho do patrão e dos colegas para agir com moderação. Trabalha a noite inteira no escritório, sente-se tentado a tomar atalhos a fim de obter resultados rápidos.

Os administradores de empresas norte-americanos, de modo geral, aderiram ao culto do oportunismo; o perfil deles, muitas vezes, é o do Obsessivo. Lutam com tenacidade para manter a curva dos lucros voltada para cima, ainda que isso signifique sacrificar a pesquisa e o desenvolvimento, o planejamento no longo prazo, o paciente desenvolvimento do produto e o investimento na fábrica.

Nos relacionamentos, o Obsessivo vive para os momentos de progresso ascendente, a música de fundo que ganha volume, a viagem às estrelas. Não é como o Diletante. Quando o ardor esfria, ele não olha para os lados. Procura manter a nave estelar em movimento por qualquer meio à sua disposição: presentes extravagantes, investida erótica, encontros melodramáticos. Não compreende a necessidade dos períodos de desenvolvimento na fase de estagnação. O relacionamento transforma-se em uma montanha-russa, com separações tempestuosas e reconciliações apaixonadas. O rompimento inevitável acarreta grande quantidade de sofrimento para os dois parceiros, com pouquíssima coisa que o justifique em termos de aprendizagem ou autodesenvolvimento.

Seja como for, no que quer que ele esteja fazendo, o Obsessivo consegue, por algum tempo, breves momentos de um progresso ascendente considerável, seguidos de declínios abruptos – uma corrida acidentada rumo à queda certa. Quando a queda acontece, é provável que o Obsessivo se machuque. E assim sucede com seus amigos, colegas, acionistas e amantes.

O Picareta

O Picareta tem uma atitude diferente. Depois de pegar, mais ou menos, o jeito de fazer alguma coisa, dispõe-se a permanecer indefinidamente estagnado. Não se incomoda em saltar etapas essenciais ao desenvolvimento da maestria, se puder sair e atuar por aí com colegas de picaretagem. É o médico ou o professor que não frequenta reuniões profissionais, o tenista que desenvolve um sólido *forehand* e acredita poder se virar com um *backhand* sofrível. No trabalho, faz apenas o suficiente para passar despercebido; sai na hora certa, ou mais cedo; nunca se apressa para nada; fala em vez de trabalhar; e admira-se de nunca ser promovido.

O Picareta não olha para o casamento ou a convivência como uma oportunidade de aprendizado e desenvolvimento, mas sim como um refúgio confortável contra as incertezas do mundo exterior. Mostra-se disposto a aceitar a monogamia estática, um arranjo em que os dois parceiros têm papéis claramente definidos e constantes, em que o casamento é, antes de tudo, uma instituição econômica e doméstica. Esse arranjo tradicional às vezes funciona muito bem, mas, no mundo de hoje, é raro dois parceiros estarem dispostos a viver indefinidamente em uma estagnação inalterável. Quando o parceiro do tênis começa a aprimorar o jogo dele e você estaciona no seu, é provável que a partida acabe logo. O mesmo se aplica aos relacionamentos.

É evidente que as categorias não têm divisões tão nítidas assim. Você pode ser um Diletante no amor e um mestre na arte. Pode estar no caminho da maestria no trabalho e ser um Picareta no curso de golfe – ou vice-versa. Até na mesma área, você pode estar, às vezes, no caminho da maestria, e em outras, ser um Obsessivo, e assim por diante. Mas os padrões básicos tendem a prevalecer, ambos refletindo e modelando seu desempenho, caráter e destino.

Em algumas de minhas conferências e seminários, descrevo o Mestre, o Diletante, o Obsessivo e o Picareta. Em seguida, peço às pessoas presentes que mostrem, levantando as mãos (deixando o Mestre de fora), qual dos outros três as descreveria melhor. Em quase todos os casos, a resposta se divide em partes quase iguais, e a discussão que se segue mostra a facilidade com que a maioria se identifica com os três tipos que são o assunto deste capítulo.

Esses personagens, portanto, têm se revelado úteis, pois nos ajudam a ver por que *não* estamos no caminho da maestria. Mas o mais importante é ingressar nesse caminho e começar a andar. Como veremos no próximo capítulo, o primeiro desafio que encontraremos nos é lançado pela sociedade.

CAPÍTULO 3

A Guerra dos Estados Unidos Contra a Maestria

Se estiver planejando embarcar na jornada do mestre, poderá se surpreender com sua resistência às tendências atuais da vida norte-americana. Nossa sociedade, excitada pelo consumismo, empenha-se, de fato, em uma guerra total contra a maestria. Vemos isso com bastante clareza em nosso sistema de valores. Estes foram inculcados por meio da extensão familiar, dos anciãos da tribo ou da aldeia, dos esportes e dos jogos, do sistema de aprendizagem ou da instrução tradicional, do adestramento e da prática religiosos e das cerimônias espirituais e seculares. Com o enfraquecimento ou o desaparecimento da maioria desses agentes, os valores nos Estados Unidos assumiram um novo e estranho arranjo.

A sociedade norte-americana está agora organizada em torno de um sistema econômico que aparentemente exige um nível alto e contínuo de gastos consumistas. Oferecem-nos um número sem precedentes de opções no que diz respeito ao modo como gastamos nosso dinheiro. Precisamos ter alimentos, roupas, casa, transporte e cuidados médicos, mas, dentro de certos limites, podemos escolher entre muitas alternativas. Somos também seduzidos por uma deslumbrante exibição de coisas de que não necessitamos – aparelhos de vídeo, cruzeiros de férias, lanchas velozes, fornos de micro-ondas. Cada vez que gastamos dinheiro, proclamamos quanto valemos; não existe prova mais evidente nem mais direta. Dessa maneira, todos os convites para se gastar dinheiro – anúncios em jornais e revistas, comerciais de rádio e televisão, mala direta etc. – preocupam-se, em primeiro lugar, com a inculcação de valores. Eles se tornaram, na verdade, os principais atribuidores de valor do século XX.

Preste atenção aos comerciais de televisão. Que valores eles pregam? Alguns apelam para o medo (compre cheques de viagem, também conhecidos como *traveler's check*, porque é provável que seja assaltado na próxima viagem), outros apelam para a lógica e até para a economia (nosso automóvel compara-se de modo favorável aos principais concorrentes, e é mais barato), alguns para o esnobismo (em uma casa de campo elegante, pessoas vestidas de acordo com a última moda bebem certa marca de água com gás), outros para o genuíno hedonismo (em um dia de inverno rigoroso na cidade, um jovem casal passa, por acaso, por uma agência de turismo; seus olhos focalizam a réplica de um cartão de crédito na vitrine e o casal é instantaneamente transportado para um paraíso tropical).

Continue prestando atenção e verá um padrão básico emergir. Cerca de metade dos comerciais, seja qual for o assunto, baseia-se no momento de clímax: o bolo está pronto, e a família e os convidados, todos com uma expressão iluminada, estão reunidos para ver uma adorável criança de 3 anos soprar as velinhas. A corrida foi disputada e ganha; belos jovens saltitantes, em êxtase, pegam latas geladas de Coca Zero. Mostram-se trabalhadores no horário de serviço por um segundo e meio, e depois é a hora da cerveja gelada. O que a vida tem de melhor, ensinam esses comerciais, é uma série infindável de momentos de clímax.

Sitcoms, ou comédias de situação, novelas, seriados policiais e a MTV seguem todos a mesma programação excitante: (1) Se fizer observações divertidas durante meia hora, tudo funcionará muito bem, a tempo para os comerciais de encerramento. (2) As pessoas são um tanto maldosas, não trabalhe demais, e fique rico depressa. (3) Nenhum problema é tão sério que não possa ser resolvido em um piscar de olhos, assim que aparece o cano reluzente de um revólver. (4) A fantasia mais estranha que você for capaz de imaginar poderá se realizar de imediato e sem qualquer esforço.

Em tudo isso, não é tanto o conteúdo específico que é tão destrutivo para a maestria, mas sim o *ritmo*. Uma epifania segue-se a outra. Uma fantasia é impelida pela fantasia seguinte. É clímax sobre clímax. *Não há fase de estagnação.*

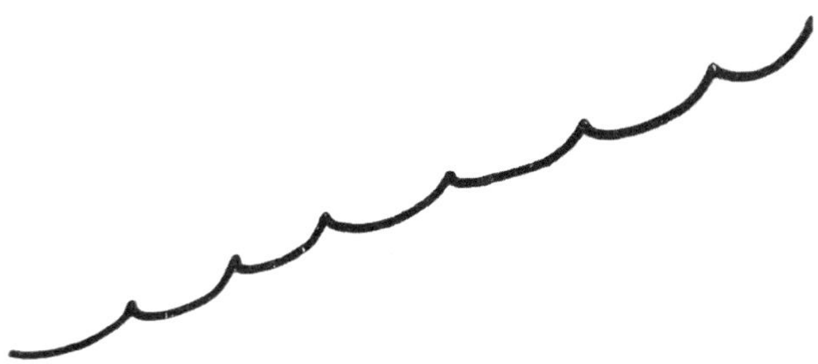

O caminho do clímax sem fim

Duas gerações de norte-americanos cresceram na era da televisão, durante a qual o consumismo obteve um domínio sem precedentes sobre o sistema de valores. Não é de surpreender, portanto, que muitos de nós tenham a ideia de que a vida, naturalmente, deve consistir em um clímax depois do outro. Assim sendo, o que fazer quando a existência cotidiana não se ajusta a isso? Como conservar esses momentos de clímax que surgem sem instrução, sem disciplina, sem prática? É fácil. Use drogas.

Como é evidente, não vai dar certo. No longo prazo, isso acabará por destruí-lo. Mas quem, na cultura popular e comercial, tem muita coisa para dizer a respeito do longo prazo? Quem estaria disposto a advertir, nas diversas propagandas, que toda e qualquer tentativa de obter uma série interminável de momentos de clímax, provocados ou não por uma droga, termina desse jeito?

A epidemia de jogos que atualmente se dissemina pela nação mostra como se tornou explícita e gritante a campanha contra qualquer esforço de longo prazo. Um anúncio de uma loteria em Illinois mostrava um homem zombando de quem colocava dinheiro na poupança, insistindo em que a única maneira de alguém comum tornar-se milionário é jogar na loteria. O primeiro comercial visto durante um programa especial da American Broadcasting Company (ABC) sobre a crise em nossas escolas secundárias mostrava uma discussão de assuntos triviais em um grupo de moças atraentes. As modelos escolhidas para o comercial deviam ter, com toda a certeza, mais de 21 anos, mas poderiam passar muito bem por secundaristas. "Vou ganhar um Trans-Am", dizia uma delas. Outra informava às amigas que passaria as férias no Havaí, e uma terceira declarava que iria ganhar o prêmio de 50 mil dólares em dinheiro. Embora não parecesse haver dúvida nenhuma na cabeça daquelas jovens de que ganhariam os prêmios em questão, em termos estatísticos, elas tinham muito mais probabilidade de morrerem afogadas em uma caixa-d'água, em uma fossa sanitária ou em qualquer outra coisa parecida.

Um comercial de rádio a respeito de um outro tipo de aposta dramatizava a história de um rapaz que se sentia envergonhado por ter sido visto pelo irmão preparando um hambúrguer em um *fast-food*. Ele explica que está trabalhando para comprar entradas para um jogo de futebol. O irmão lhe pergunta por que faz isso, se pode tentar arrumar as entradas jogando na loteria. O rapaz se convence de imediato. Deixa queimar o hambúrguer que está preparando e serve as batatas fritas ainda congeladas. "Pouco me importa", diz exultante. "Vou ganhar as entradas. Não preciso deste emprego."

Se você pudesse discernir algum tipo de inteligência central em todas essas mensagens comerciais, chegaria à conclusão de que o país está empenhado na própria destruição. De qualquer maneira, poderá desconfiar de que a incidência desproporcional de abuso de drogas nos Estados Unidos, sobretudo daquelas que proporcionam uma "viagem" rápida, não deriva tanto de impulsos imorais ou criminosos, mas sim de um impulso perfeitamente compreensível de reproduzir a visão norte-americana mais evidente e compulsiva de uma boa vida – uma série interminável de momentos de clímax. Essa visão não é tão somente invenção da televisão e da internet. Ela tem ressonância na retórica de marcar mais pontos ("Não importa o modo como você vence, mas sim o fato de vencer"), da aprendizagem sem esforço, das celebridades e dos milionários instantâneos, e do indicador erguido no ar quando você marca um ponto pelo menos uma vez. É a visão empresarial dos Estados Unidos, bem como de pessoas de todas as classes sociais. "Com base na minha experiência", escreve o antropólogo Philippe Bourgois, que passou cinco anos vivendo no Harlem Oriental e estudando sua cultura, "acredito que a afirmação dos teóricos da cultura da pobreza de que os pobres foram mal socializados e não partilham dos valores centrais da sociedade está errada. Pelo contrário, os jovens ambiciosos, ativos, do centro da cidade sentem-se atraídos pela economia clandestina precisamente por acreditarem no sonho americano. Assim como muitos nessa corrente principal, tentam, freneticos, avançar no seu pedaço de bolo o mais depressa possível."

A mentalidade imediatista, antimaestria, estende-se a quase tudo na vida. Observe a medicina e a farmacologia modernas. "Alívio rápido e temporário" é o grito de guerra. Os sintomas recebem atenção imediata; as causas subjacentes permanecem nas sombras. Os estudos de pesquisas mostram, cada vez mais, que a maioria das doenças é causada por fatores ambientais ou pelo estilo de vida. A visita comum de doze minutos ao consultório não proporciona ao médico tempo suficiente nem para conhecer a cara do paciente, quanto mais seu modo de vida. Mal permite ao doutor redigir a receita.

Um estudo pioneiro do dr. Dean Ornish e seus associados em San Francisco provou de forma contundente que a doença da artéria coronária, nossa causa número um de óbitos, pode ser revertida por uma dieta de longo prazo, exercícios moderados, yoga, meditação e grupo de apoio. Nada de drogas, nada de cirurgias. Esse programa foi criticado por alguns médicos por ser "radical demais". Se isso é radical, o que, então, esses médicos consideram "conservador"? Uma cirurgia alternativa aberta (com corte) que abrirá ao meio o peito do paciente, com 5% de probabilidade de óbito, 30% de probabilidade de lhe provocar um dano neurológico, 50% de probabilidade de ser desnecessária; uma cirurgia, enfim, que talvez tenha de ser repetida depois de alguns anos e com um custo exorbitante? Mas tudo bem. Nada disso tem importância. Pelo menos, é uma solução imediata.

Negócios e indústria? Talvez nenhuma outra área da vida norte-americana esteja mais necessitada dos princípios da maestria. "Já ficou para trás a conversa sobre o crescimento equilibrado, de longo prazo", escreve Ralph E. Winter em um artigo publicado pelo *Wall Street Journal* a respeito da tendência de simplificação dos negócios. "Acionistas impacientes e membros abastados de empresas se encarregaram disso. Agora, executivos ansiosos, que temem por seu emprego ou por sua companhia, concentram esforços em operações oportunistas e vantagens que se podem obter de modo fraudulento, a fim de aumentar os lucros no curto prazo, muitas vezes à custa tanto do equilíbrio quanto do crescimento." O controle da companhia por gerentes que usam dinheiro emprestado para auferir lucros fáceis resume bem isso. Há um clímax enorme. Certas pessoas ganham muito dinheiro em um curto espaço de tempo. Acrescenta-se pouquíssimo valor real à companhia, ou à economia nacional. E o operador de mercado pertencente à empresa passa a ser um herói da cultura.

Mas o herói de hoje pode vir a ser o pária de amanhã. Já se vislumbram sinais de uma desilusão maciça e crescente com nossos bilionários instantâneos, e também com as dietas estrondosas, o milagre das drogas, legais ou ilegais, loterias, *sweepstakes*, e todo o brilho e desordem que resultam da adoração do sucesso e da realização rápida e sem esforço. Se precisarmos de um lembrete de como pode ser desastrosa a guerra contra a maestria, temos a crise das sociedades de poupança nas décadas de 1980 e 1990, que trouxe recompensas imediatas para alguns poucos causando muita dor de cabeça para muitos. Não se iludam; tudo está interligado. O mesmo tipo de pensamento que levaria algumas pessoas a acreditarem na promessa de que aprenderão uma nova habilidade ou perderão peso sem um esforço paciente e prolongado leva outros a acreditarem na promessa de grandes riquezas sem a produção de valor em troca.

Uma guerra que não pode ser vencida

Estou ciente de que essa crítica de certos valores norte-americanos, na época em que este livro foi escrito, chega em um momento de grande triunfo para os Estados Unidos e o Ocidente. Em todo o mundo, até em nações cujos líderes nos insultam, nota-se um anseio cada vez maior pelo estilo de vida norte-americano. Governos totalitários estão estabelecidos em um terreno muito instável nos dias de hoje. O anseio por um governo democrático livre nunca foi tão grande. O comunismo, com seu planejamento e controle econômico centralizado, está em plena retirada. A liberdade, sem dúvida, é o caminho a se seguir. E, em quase todo o mundo, torna-se cada vez mais evidente que as nações precisam do sistema de retroalimentação e incentivo individual que prevalece na livre economia de mercado. A vitória é real, e sua comemoração é a norma. Mas é necessário também um autoexame cauteloso, pois talvez não exista época mais perigosa para qualquer sociedade do que seu momento de maior triunfo. Seria uma completa loucura deixar que o declínio do comunismo nos fechasse os olhos para as contradições de longo prazo de uma economia de livre mercado irrestrita, sem levar em consideração o ambiente e a justiça social, e movida pelo consumismo insensato, pela satisfação instantânea e pelo imediatismo. A dedicação ao crescimento a qualquer custo coloca-nos em rota de colisão com o ambiente. A dedicação à ilusão do clímax sem fim nos coloca em rota de colisão com a psique humana.

A maestria aplica-se tanto aos indivíduos quanto às nações. A prosperidade nacional atual é construída sobre um déficit imenso e despesas de trilhões de dólares, que deveriam ter sido investidos, mas não o foram, na limpeza do meio ambiente, na restauração da infraestrutura, na educação e nos serviços sociais – a mentalidade imediatista. A incapacidade de lidar com o déficit acompanha o crédito fácil e o contínuo encorajamento do consumo individual, à custa da poupança e do ganho em um prazo mais longo. A comemoração dos resultados do processo reflete-se na má qualidade do trabalho e na superioridade dos produtos importados. Os apelos comerciais urgentes, que pintam a vida como uma série de momentos de clímax, relacionam-se às epidemias atuais de abuso de drogas e jogo. As prateleiras cheias nos supermercados e as pistas lotadas das grandes estradas não compensam os gritos lamentáveis das crianças do *crack*, a derrocada da aprendizagem, dentro e fora das escolas, e a disparidade cada vez maior entre ricos e pobres.

Os Estados Unidos foram, durante determinado tempo, a mais emocionante das nações. Sua liberdade, energia, talento para a inovação inspiraram o mundo. Mas o término do tempo de bem-aventurança pode ser atribuído a alguns fatores como a crise econômica dos anos 1970, a Guerra do Vietnã, a ascensão de movimentos sociais e a crescente polarização política etc. No longo prazo, a guerra contra a maestria, o caminho do esforço paciente e dedicado, não ligado a resultados imediatos, é uma guerra que não pode ser vencida.

CAPÍTULO 4

A Fase de Estagnação

No princípio da vida, somos estimulados a estudar muito a fim de obter boas notas. Dizem-nos que precisamos tirar boas notas para poder terminar o Ensino Médio e entrar na faculdade. Dizem-nos que devemos concluir o Ensino Médio e entrar na faculdade para conseguir um bom emprego. Dizem-nos que devemos arranjar um bom emprego para comprar uma casa e um automóvel. Dizem-nos o tempo todo que devemos fazer uma coisa, mas só para que possamos arranjar outra. Passamos a vida aprisionados em uma rede de contingências.

As contingências, e não há dúvidas sobre isso, são importantes. Atingir metas é importante. Mas o verdadeiro sabor da vida, doce ou amargo, não está tanto no resultado do esforço, e sim no próprio processo de viver, na impressão que nos dá o fato de estarmos vivos. Somos ensinados, de inúmeras maneiras, a avaliar o produto, o prêmio, o momento do clímax. Mas, mesmo depois de acabarmos de receber o grande prêmio, há sempre o amanhã, e o amanhã, e o amanhã. Se nossa vida for boa, uma vida de maestria, a maior parte dela terá sido passada na fase de estagnação. Se não for, grande parte dela poderá ter sido perfeitamente passada em tentativas turbulentas, confusas e, enfim, autodestrutivas de escapar dessa fase. Esta pergunta permanece: Em que ponto de nossa educação, instrução ou carreira nos ensinam explicitamente a avaliar, desfrutar e até a amar a fase de estagnação, o longo período de esforço diligente sem nenhum progresso aparente?

Tive sorte, na meia-idade, de encontrar o *aikido*, disciplina tão difícil e resistente ao imediatismo que me mostrou a estagnação em alto e nítido relevo. Quando comecei, supus apenas que progrediria com firmeza. Minhas primeiras fases de estagnação foram relativamente curtas e não precisei tomar conhecimento delas. Entretanto, após um ano e meio, mais ou menos, fui obrigado a reconhecer que me encontrava em uma fase de estagnação de formidáveis proporções. Esse reconhecimento provocou certo choque e uma dose de decepção, mas, de qualquer maneira, perseverei e, por fim, vivenciei um momento aparente de avanço considerável em meu aprendizado. Quando meu progresso exterior se deteve mais uma vez, disse para mim mesmo: "Mas que droga! Outra fase de estagnação!."

Alguns meses depois, registrou-se um novo momento de avanço considerável e, logo, naturalmente, veio a inevitável estagnação. Desta vez aconteceu uma coisa maravilhosa. Surpreendi-me pensando: "Meu caro, outra fase de estagnação. Ótimo! Posso ficar aqui e continuar praticando. Mais cedo ou mais tarde, haverá outro momento de progresso". Esse foi um dos melhores momentos de minha jornada.

A alegria da prática regular

Naquele tempo, a escola de *aikido* que eu frequentava existia há apenas dezoito meses, e não havia alunos regulares acima da faixa azul. Nossos professores, os únicos faixas pretas que havia por ali, pareciam existir em um plano inteiramente diferente daquele em que nos movíamos. Nunca sequer me passou pela cabeça que eu pudesse, um dia, subir a esse plano rarefeito. Assim sendo, lá estava eu – uma pessoa impaciente, muito determinada, que sempre procurara o caminho mais rápido e direto para atingir a meta almejada – praticando, regular e arduamente, sem nenhum objetivo especial em vista, e me esforçando apenas pelo esforço em si. Meses se passariam sem nenhuma interrupção no ritmo consistente de minha prática. Era algo novo em minha vida, uma revelação. A sucessão interminável de aulas era compensadora precisamente por não ser, no sentido zen, "nada de especial".

Eu ia à aula três ou quatro vezes por semana, das sete às nove da noite. Quando chegava a hora de ir ao *dojo* (salão de exercícios) no centro da cidade, os problemas e a agitação do dia começavam a se desvanecer. O simples fato de dobrar o kimono branco de algodão *gi* acolchoado suavizava minha respiração, trazendo-me uma sensação de paz. O trajeto levava quase meia hora; eu atravessava a ponte que conduzia à cidade, subia um morro comprido que maltratava a primeira marcha do meu automóvel e, enfim, chegava a uma avenida, larga e barulhenta, que se destacava pela fileira de revendedoras de automóveis. Apesar do barulho da rua, ao subir a escada até o *dojo*, no segundo andar, sentia-me como se estivesse entrando em um santuário, um lugar alheio à minha existência habitual e, ao mesmo tempo, inteiramente familiar.

Eu gostava de tudo o que tinha a ver com aquilo, do ritual, sempre o mesmo e, no entanto, sempre novo: inclinava-me ao entrar, puxava o meu cartão de sócio da prateleira sobre a mesa da frente, trocava a roupa pelo meu kimono branco no vestiário. Gostava do cheiro reconfortante de suor, das falas em voz baixa. Gostava de sair do vestiário e verificar quem estava no aquecimento. Gostava de inclinar-me outra vez ao pisar no tatame, sentindo a superfície firme e fria sob meus pés. Gostava de ocupar meu lugar na longa fila de alunos de *aikido*, todos sentados em *seiza*, a postura japonesa de meditação. Gostava da entrada do professor, das inclinações rituais, das técnicas de aquecimento; depois, do meu coração batendo, da respiração se acelerando, à medida que aumentava a velocidade e a força do treinamento.

Não era sempre assim. Às vezes, quando chegava a hora de ir para a aula, sentia-me com muita preguiça. Nessas ocasiões, vinha a tentação de fazer qualquer outra coisa para não precisar enfrentar o tatame de novo. E às vezes eu cedia a essa inevitável resistência humana contra fazer o que é melhor para si, perdendo uma noite e me distraindo. Mas sabia perfeitamente, no entanto, que, quando superasse a letargia, seria premiado com um pequeno milagre; sabia que, não importando como me sentisse ao subir a escada do *dojo*, duas horas depois – após centenas de derrubadas e tombos – eu sairia dali tinindo e completamente vivo, sentindo-me tão bem, na verdade, que a própria noite dava a impressão de faiscar e reluzir.

Essa alegria, repito, nada tinha a ver com o progresso ou a consecução de metas. Fui tomado de muita surpresa, na verdade, quando um dos professores nos chamou, a mim e um colega, ao seu escritório, após um fim de semana de maratona de treinamento, e nos estendeu duas faixas marrons – a faixa que vem logo abaixo da preta. Uma noite, cerca de um ano depois, os quatro faixas marrons mais adiantados da escola se reuniram para conversar e aventaram, indiretamente, a hipótese de chegar um dia à faixa preta. A ideia era ao mesmo tempo emocionante e perturbadora e, na aula seguinte, dei-me conta de uma novidade: o verme da ambição me corroía o estômago sorrateiramente.

Talvez fosse coincidência, mas, três semanas depois dessa conversa, nós quatro tínhamos sofrido lesões sérias – um tornozelo quebrado, ligamentos de cotovelo rompidos, um ombro deslocado (o meu) e um braço quebrado em três lugares. Esses ferimentos foram professores eficazes. Depois de recuperados, voltamos a nos exercitar com firmeza e sem objetivos. Outro ano e meio se passaria antes que fizéssemos jus à faixa preta.

Isso não quer dizer que não praticássemos com afinco. O Picareta chega à fase de estagnação e deixa de trabalhar. Quando relembro esse período, percebo que, apesar de nossas muitas deficiências, estávamos sem dúvida no caminho da maestria. Ao contrário do Picareta, trabalhávamos de modo árduo, fazendo o melhor que podíamos para aprimorar nossas habilidades. Mas tínhamos aprendido a conhecer os perigos de meter os pés pelas mãos, e agora estávamos dispostos a ficar estagnados durante o tempo que fosse necessário. A ambição continuava lá, mas fora domada. Voltamos a desfrutar do treinamento. Amávamos a fase de estagnação. *E* fazíamos progressos.

Esse paradoxo essencial torna-se muito mais evidente em uma arte marcial que é excepcionalmente exigente, intransigente e recompensadora. Mas tenho para mim que se pode dizer o mesmo de qualquer atividade humana que envolva uma aprendizagem significativa – mental, física, emocional ou espiritual. E, apesar da guerra impressionante de nossa sociedade contra a maestria, existem ainda milhões de pessoas que, ao mesmo tempo que alcançam grandes feitos no trabalho, dedicam-se não só ao produto, mas também ao processo – pessoas que amam a fase de estagnação. A vida para essas pessoas é particularmente fulgurante e satisfatória.

"É a minha felicidade mais verdadeira", contou-me um escritor amigo. "É o momento em que toda a escuridão se esvai. Assim que entro no meu escritório, recebo indícios de prazer – os livros nas prateleiras, o aroma especial da sala. Esses indícios começam a se relacionar ao que escrevi e ao que vou escrever. Ainda que eu tenha passado a noite inteira em claro, o cansaço desaparece em um piscar de olhos. Há toda uma série de prazeres à minha espera, desde compor uma frase até vislumbrar uma nova ideia."

"Muitas pessoas buscam coisas apenas porque algum professor mandou ou porque os pais recomendaram", disse

Peter Vidmar, ginasta olímpico. "As pessoas que se dedicam a alguma coisa buscando dinheiro, fama ou uma medalha não podem ser eficazes. Quando você descobre o seu desejo, não vai esperar que outros encontrem soluções para os seus problemas. Vai descobrir a própria solução. Estabeleci metas para mim, mas, por trás de todas as metas e do trabalho, havia o fato de que eu gostava disso. Achava a ginástica divertida. E não tinha ideia de que poderia, um dia, participar de uma Olimpíada."

"A rotina é importante para mim", disse uma pintora de sucesso, que trabalha em seu estúdio quatro horas por dia, cinco vezes por semana. "Quando comecei, tive uma sensação maravilhosa de bem-estar. Gosto de me sentir labutando. Escolhi especificamente essa palavra, *labutar*. Quando as coisas vão bem, sinto que esse é o meu eu essencial. A própria rotina me alimenta. Se não o fizesse, estaria traindo o meu eu essencial."

Quando eu era criança, meu pai me deixava acompanhá-lo ao escritório nas manhãs de sábado. Não creio que ele tivesse mesmo de ir até lá. Era apenas atraído para lá, para o seu lugar de trabalho. Ele trabalhava na área de seguros contra incêndios e, enquanto analisava a correspondência, deixava-me passear pelo escritório, livre para brincar com os maravilhosos dispositivos mecânicos daquele tempo – as majestosas máquinas de escrever, as máquinas de somar manuais, grampeadores e furadores de papel, além de um velho ditafone, no qual pude deixar um tênue registro de minha voz.

Eu amava o silêncio das manhãs de sábado e os odores de cola e tinta, os apagadores de borracha e a madeira gasta. Brincava com as máquinas e fazia aviõezinhos de papel durante algum tempo, mas depois eu ia para a sala do meu pai mais para ficar ali sentado, observando-o, fascinado pela profundidade de sua concentração. Ele estava em um mundo só dele, inteiramente relaxado e, ao mesmo tempo, completamente concentrado enquanto abria os envelopes de vários tamanhos e formatos, colocando o conteúdo deles em pilhas e ditando notas para o seu secretário. Durante todo o tempo em que trabalhava, mantinha os lábios ligeiramente separados, a respiração firme e calma, os olhos serenos e as mãos movendo-se com firmeza, quase de modo hipnótico. Lembro-me de ter imaginado então, e eu não tinha mais de 10 anos de idade, se teria, um dia, tamanho poder de concentração ou se encontraria tamanho prazer no trabalho. Na escola não, por certo, nem nas minhas tentativas dispersivas e frustradas de fazer o dever de casa. Eu sabia, já naquela época, que meu pai era um homem ambicioso, com um desejo ardente de receber as recompensas exteriores de seu trabalho, entre elas, reconhecimento público e até fama. Mas também sabia que ele amava seu trabalho – a sensação, o ritmo, a contextura dele. Os colegas de meu pai contaram-me depois que ele figurava entre os melhores em sua área. Todavia, nem o reconhecimento público nem a fama que ele poderia ter almejado se materializaram. Mas o reconhecimento é muitas vezes insatisfatório, e a fama é como água do mar para quem tem sede. O amor ao trabalho, a disposição para exercê-lo até na ausência de recompensas exteriores, isso sim é boa comida e boa bebida.

A face da maestria

O olhar de profunda concentração no rosto de meu pai quando fazia o trabalho que amava não difere muito da expressão que se pode ver no rosto de quase toda pessoa no caminho da maestria – até nos estertores do esforço físico. A fotografia dos esportes, tal como a conhecemos, é captada pela escola da "vibração da vitória/agonia da competição". Reiteradamente, essas fotografias nos mostram momentos de clímax (esforço prodigioso, rostos retorcidos de dor ou de triunfo), quase excluindo tudo o mais. Parece-me, porém, que a verdadeira face da maestria é relaxada e serena; às vezes, ligeiramente risonha. Na verdade, aqueles que mais admiramos nos esportes parecem, às vezes, entrar em outra dimensão. Assediados por jogadores adversários, bombardeados pelos gritos da multidão, eles fazem o difícil, e até o sobrenatural, parecer fácil, e conseguem, de alguma forma, criar harmonia onde, ao contrário, deveria prevalecer o caos.

Ao preparar o artigo da *Esquire* sobre maestria, decidi procurar uma série de imagens para ilustrar A Face da Maestria. Analisei centenas de fotos e *slides* das principais agências de fotografia, e ali, entre os instantâneos da "vibração da vitória/agonia da competição", achei exatamente o que eu procurava. Steven Scott dando a última volta em uma corrida de milha, o rosto sereno, o corpo relaxado; Greg Louganis na ponta do trampolim, seu rosto uma imagem de calma concentração; Peter Vidmar fazendo exercícios no chão, com o corpo em uma posição de incrível esforço, a expressão pensativa e tranquila; Kareem Abdul-Jabbar arremessando a bola, em uma partida de basquete, por cima das mãos do adversário, revelando no rosto um grande prazer interior. Abdul-Jabbar não era um homem de ego pequeno. Tenho certeza de que gostava de dinheiro, da fama, dos privilégios que a carreira lhe propiciava. Mas gostava mais do seu arremesso.

Metas e contingências, como já disse, são importantes. Mas elas existem no futuro e no passado, além dos limites do terreno sensorial. A prática, o caminho da maestria, existe apenas no presente. Você pode vê-la, cheirá-la, senti--la. Gostar da fase de estagnação é gostar do eterno agora, desfrutar dos momentos de progresso considerável e dos frutos da realização para, em seguida, aceitar com serenidade a nova fase que está à espera logo em seguida. Gostar da fase de estagnação é gostar do que é mais essencial e duradouro na vida.

Segunda Parte

As Cinco Chaves Mestras

Introdução

O indivíduo humano está equipado para aprender e continuar aprendendo prodigiosamente desde o nascimento até a morte, e é justamente isso que o diferencia de todas as outras formas de vida conhecidas. Em várias ocasiões, o homem tem sido definido como um animal que constrói, um animal que trabalha e um animal que luta, mas todas essas definições são incompletas e até mesmo falsas. O homem é um animal de aprendizado, e a essência da espécie está codificada nessa simples palavra.

Sob essa luz, o domínio de habilidades não programadas geneticamente é a mais humana e comum de todas as atividades. A melhor e a primeira das aprendizagens não envolve nenhum planejamento formal; o próprio mundo é escola suficiente. Todos nós participamos de uma jornada de mestre na primeira infância, quando aprendemos a falar ou a andar. Cada adulto e cada criança mais velha ao redor são um professor de linguagem – o tipo de professor que sorri perante o sucesso, é acessível e, provavelmente, não é dado a sermões (isto é, o melhor tipo). Chegamos à postura ereta e à locomoção com os dois pés com o auxílio dos mesmos instrutores entusiasmados e tolerantes, com a assistência imediata e decisiva da gravidade – um mestre sem igual. Além disso, os humanos estão geneticamente predispostos à linguagem e à locomoção bípede.

Mais tarde, contudo, enfrentamos a tarefa de aprender habilidades para as quais não existia um ambiente cooperativo; habilidades que não estávamos geneticamente predispostos a desenvolver. (Nem aviões a jato nem pianos de cauda estavam incluídos na primeira evolução do Homo sapiens.*)*

Cada vez mais, à medida que entramos na adolescência e na idade adulta, somos forçados a encontrar as próprias portas para a maestria. Do Capítulo 5 até o Capítulo 9 apresentaremos cinco chaves para abrir essas portas.

CAPÍTULO 5

Primeira Chave: Instrução

Existem algumas habilidades que você pode desenvolver sozinho, e outras que pode tentar aprender, mas, se pretende seguir o caminho da maestria, o melhor a fazer é arranjar instrução de primeira qualidade. O autodidata anda por um caminho arriscado. Há vantagens: você tem permissão para não saber o que *não pode* ser feito; pode enveredar por um território fértil, excluído pelos pesquisadores oficiais. Alguns autodidatas – Edison é um deles, Buckminster Fuller é outro – fizeram o autodidatismo funcionar. A maioria, porém, passou a vida reinventando a roda e, depois, recusando-se a admitir que ela está fora do eixo. Mesmo aqueles que, um dia, colocarão abaixo os modos convencionais de pensar ou fazer precisam saber antes o que estão derrubando.

A instrução surge de muitas formas. Para dominar a maioria das práticas, nada melhor do que estar nas mãos de um mestre, seja em aulas individuais ou em pequenos grupos. Mas há também livros, filmes, gravações, programas de computador, simuladores computadorizados (simuladores de voo, por exemplo), instrução em grupo, em salas de aula, amigos instruídos, consultores, internet, sócios ou mesmo a "rua". Ainda assim, o professor ou treinador individual serve de padrão para todos os modos de instrução, o primeiro e mais brilhante farol na jornada da maestria.

A busca por uma boa instrução começa pelo exame das credenciais e da linhagem. Quem foi o professor do seu professor? Quem foi o professor desse professor?, e assim por diante, até o tempo imemorial em que a identidade individual desaparece no mito dos primórdios. Estas talvez sejam indagações estranhas para uma era que deixou os elos da linhagem quase soltos por completo, mas, apesar disso, são boas indagações. (Até vídeos, livros e programas de computadores têm antepassados.)

O respeito às credenciais, no entanto, não deve invalidar outras considerações. O instrutor que anuncia ser detentor de faixa preta de oitavo grau em uma arte marcial, de nono grau em outra, e campeão mundial dos pesos médios leves em ambas, pode ser um péssimo professor. John McEnroe poderá vir a ser, daqui a alguns anos, um soberbo instrutor de tênis – ou poderá não ser nada disso*. As táticas de ensino de um laureado detentor do prêmio Nobel podem ser um veneno para a mente de um físico neófito. É, de fato, um desafio muito especial para um atleta de alto nível tornar-se um grande professor. A instrução exige certa humildade; no

* John McEnroe se tornou uma lenda do tênis. Ele possui o recorde de maior número de torneios vencidos em simples e em dupla. É conhecido por seu estilo de jogo agressivo e personalidade marcante (N. da P.).

melhor dos casos, o professor se delicia ao se ver ultrapassado pelos alunos. O treinador de ginástica Bela Karolyi se veria em apuros se tivesse de executar os movimentos que ensinou tanto a Nadia Comaneci, da Romênia, quanto a Mary Lou Retton, dos Estados Unidos.

Se quiser conhecer o professor, olhe para os alunos. Eles são sua obra de arte. Se for possível, assista a uma aula antes de escolher o mestre. Concentre a atenção nos alunos. E, o que é ainda mais significativo, na *interação*. O instrutor elogia ou xinga? Há uma marca registrada do professor, muitas vezes celebrada no mito, quando não na realidade, que é fazer um mínimo de elogios. Quando essa tática de ensino funciona, funciona pelo princípio da economia, pois o elogio se torna mercadoria tão escassa que uma simples e relutante inclinação de cabeça é tomada por altamente recompensadora. O que não funciona, apesar de certa atitude machista em contrário, é a ironia, a descompostura, a humilhação – qualquer coisa que destrua a confiança e a autoestima do aluno. Até o professor mais avaro de louvores precisa, de algum modo, mostrar respeito pelo aluno se quiser obter resultados positivos no longo prazo. O melhor professor, de modo geral, esforça-se por assinalar o que o aluno está fazendo certo pelo menos com a mesma frequência com que mostra o que ele faz errado. Foi exatamente isso que o treinador da Universidade da Califórnia em Los Angeles, John Wooden, talvez o maior instrutor de basquete de todos os tempos, conseguiu realizar durante sua longa carreira vitoriosa. Verificou-se que Wooden mantinha uma relação de quase cinquenta por cento entre reforço e correção, com um entusiasmo excepcional em ambos os lados da equação.

Olhe de novo para os alunos, para a interação. Os mais talentosos, os mais adiantados recebem todos os benefícios? E quanto aos desajeitados, os principiantes? Pode ser que você esteja procurando o tipo de instrutor que só se dá bem com os melhores, com os prováveis campeões. Existem professores assim, e eles exercem uma função útil, mas, para mim, a essência da arte da instrução reside na capacidade de trabalhar com eficácia e entusiasmo com os principiantes e de servir de guia no caminho da maestria para aqueles que são menos rápidos e talentosos do que a maioria. Esse serviço pode ser arrolado sob a epígrafe do altruísmo, mas é mais do que isso, pois participar dos primeiros movimentos vacilantes, tanto físicos como mentais, de quem está aprendendo uma nova prática é penetrar a estrutura íntima não só dessa prática, mas também do próprio processo da maestria. O conhecimento, a perícia, a habilidade técnica e as credenciais são importantes, mas, sem a paciência e a empatia essenciais ao ensino de principiantes, tais méritos não têm nenhum valor.

O melhor dos instrutores, o pior dos instrutores

Foi no ponto culminante de uma guerra, que havia se alastrado pelo mundo inteiro, que me surpreendi pela primeira vez no papel de instrutor. Os seis primeiros lugares da Classe 44-C da escola avançada de voo de Turner Field, em Albany, na Georgia – seis segundos-tenentes novinhos em folha com asas de prata de piloto –, foram nomeados instrutores de voo, ao passo que os outros 304 formandos foram mandados para a frente de batalha. Longe de ficarmos contentes com nossas indicações, declaramos um ardente desejo de entrar em combate imediatamente, sentimento que logo se transformou em conversa de bêbados, depois de alguns copos no clube dos oficiais, nas noites de folga. Eu tinha 20 anos. Os outros cinco tinham mais ou menos a mesma idade.

Em março de 1944, apesar da nossa falta de experiência, e sem uma palavra de advertência, fomos designados para ensinar os alunos a pilotar o B-25, naquela época um bombardeiro médio de alto desempenho. A invasão do Forte Europa era iminente. Predizia-se que a campanha do Pacífico duraria anos. Os pilotos, assim como os aviões que iriam pilotar, tinham de ser produzidos às dezenas de milhares, pouco importando detalhes como procedimentos rigorosos de segurança.

As condições de voo teriam causado um terrível escândalo em tempos de paz. Até nas noites mais escuras, com tempestades monstruosas se aproximando, algumas centenas de aviões B-25 manobravam na área de pouso, ao fim de cada período de instrução. Não havia nada parecido com um sistema de controle de tráfego por radar; nossas vidas dependiam de acuidade visual, perícia na direção e reflexos rápidos. Durante o verão de 1944, duas colisões espetaculares em pleno ar, em Turner Field, resultaram na destruição de quatro aviões e na perda trágica dos instrutores e cadetes que os tripulavam. Os desastres nunca foram noticiados. Não havia tempo para simpatia nem para segundas chances. Cadetes sem gabarito eram rejeitados, descartados como se fossem peças defeituosas saídas de uma linha de produção.

Os seis meses que passei em Turner Field revelaram-se mais desafiadores e, na verdade, mais perigosos do que o circuito de combate no sul do Pacífico, que veio em seguida. Depois de registrar seiscentas horas como instrutor de voo sob as condições mais difíceis, havia adquirido um senso infalível de maestria de voo, que nunca mais me abandonou.

E o que dizer dos meus alunos? Bem, essa é outra história.

O tempo não permite voltar atrás. Restaram-me, porém, depois de todos esses anos, lembranças cristalinas de nuvens fantasticamente brancas pairando sobre campos profundamente verdes de algodão e milho, do som insistente do motor que por fim acabava em ausência de som, de motores fumarentos e sistemas hidráulicos estragados, de voos ilegais sobre o Atlântico na disputa de vertiginosas corridas com outros aviões, enquanto os alunos prendiam a respiração. Mais do que tudo, porém, restou-me uma fábula moral sobre o tema da instrução, na qual desempenhei o papel principal. Nada posso fazer para mudá-la. Fui o melhor dos instrutores. Fui o pior dos instrutores. O primeiro não justifica o segundo.

Foram destinados quatro alunos para cada um de nós, para que fossem orientados durante dois meses inteiros de treinamento avançado. Logo descobri que dois dos meus alunos – dois cadetes chamados Stull e Thatcher – eram muito talentosos. Os outros dois – vamos chamá-los de Brewster e Edmundson – eram, na melhor das hipóteses, medíocres. Essa discrepância sugeriu-me um plano: sempre manter Stull e

Thatcher juntos. Nunca os deixaria voar com nenhuma outra pessoa; assim ficariam a salvo do perigo de serem contaminados por talentos menores. Isso me permitiria iniciá-los em um método de voo que eu havia desenvolvido com um colega instrutor quando ainda éramos cadetes. Nós o chamávamos *desempenho máximo*, o que queria dizer apenas que voaríamos o mais próximo possível da perfeição em todas as ocasiões, até quando os regulamentos não o exigissem, mesmo que não houvesse ninguém observando.

Assim sendo, sem mencionar as palavras *desempenho máximo*, estabeleci padrões para Stull e Thatcher dez vezes mais rigorosos do que os exigidos. Comumente, quando os pilotos voavam por instrumentos, era concedida a eles uma margem de segurança de duzentos pés acima ou abaixo da altitude prescrita, mas levei Stull e Thatcher a acreditarem que tinham uma margem de erro de apenas vinte pés. Insisti em que mantivessem sempre a bússola giroscópica direcionada para o rumo certo.

Ensinei-lhes que, mesmo ao pousar em uma pista de dez mil pés, deveriam tocar o solo nos primeiros cem pés.

Dei a Stull e Thatcher o que eu tinha de melhor, e eles me responderam exatamente como eu esperava que respondessem. Ainda que nunca os deixasse voar com outros cadetes, eles devem ter comparado notas e conjecturado sobre o que eu pretendia. Às vezes, quando eu definia um padrão de desempenho particularmente exorbitante com uma expressão séria, não conseguiam deixar de sorrir. Depois das primeiras semanas, eu também não era capaz de evitar um sorriso em meu rosto. Estávamos unidos em uma deliciosa conspiração de excelência. Nos dias em que eu estava programado para voar com eles, acordava com um sentimento de excitação e expectativa.

Ainda posso ver Stull e Thatcher com incrível nitidez, um deles no assento do piloto, o outro atrás, em pé, inclinando-se entre o assento do piloto e do copiloto para observar mais uma aproximação e outro pouso perfeito. A luz genuína, profética de outros tempos ainda atravessa a capota de plexiglas – as nuvens altaneiras, o azul inacreditável do céu – e o rosto dos cadetes resplandecendo com a felicidade incomparável que sentimos ao embarcar pela primeira vez em uma jornada de maestria.

Agora, a parte difícil da história.

Depois dos primeiros voos com os cadetes aos quais chamei de Brewster e Edmundson, simplesmente perdi o interesse. Eu era jovem demais, impaciente demais, arrogante demais em meu apego ao desempenho máximo para suportar seus esforços ineptos ao voarem no B-25. Brewster era magro, de porte aristocrático e tímido. Edmundson era troncudo e confiante, o palhaço do esquadrão. Em um voo, pensei que ele tivesse feito uma observação vulgar a meu respeito, assumi o controle do aparelho, subi dez mil pés e maltratei o avião com manobras inimagináveis, deixando Edmundson e Brewster pálidos e abalados.

Analisei os movimentos deles. De vez em quando, eu fazia um esforço para acompanhá-los a fim de descobrir o que bloqueava seu progresso, desejando desenvolver seu potencial ao máximo. Meu entusiasmo, entretanto, tinha vida curta. Alguma demonstração particularmente gritante de imperícia no manejo dos controles por parte de Edmundson, ou de hesitação da parte de Brewster, me faziam sacudir a cabeça de desespero e desgosto e me afastar para afundar em meu assento, ou tomar os controles e lhes mostrar com exatidão como a manobra deveria ser feita.

Brewster e Edmundson graduaram-se com Stull e Thatcher, mas muito mal. Depois da guerra, aconteceu de topar com Brewster em um evento dançante em Atlanta, na Georgia. Ele aproveitou a oportunidade (a força do seu ressentimento sobrepujava qualquer timidez que pudesse ter) para me deixar a par, em detalhes, do que pensava a respeito de sua experiência comigo em Turner Field. Não me ocorreu nenhuma resposta adequada. Muito antes disso já tinha começado a me sentir culpado pela forma com que me saíra em minha primeira missão como instrutor. Na verdade, nunca mais segreguei meus alunos como o fizera na primeira vez. Formei mais dois grupos de pilotos antes de entrar em combate, sem vivenciar o contentamento que sentira com Stull e Thatcher, nem o desespero que sentira com Brewster e Edmundson. Esforcei-me para controlar minha impaciência, para agir do melhor modo possível com os alunos de progresso mais lento. Ainda assim, a constante preocupação com o desempenho máximo, aliada à extrema juventude, tendia a frustrar meu próprio desempenho como professor dos menos talentosos.

A magia de ensinar principiantes

Muitos anos depois, vi-me mais uma vez no papel de instrutor, comprometido desta vez com uma arte muito mais sutil, complexa e difícil de aprender do que voar. Eu tinha 47 anos quando um amigo me convidou para participar da escola de *aikido* que ele estava organizando. Nunca ouvira falar em *aikido,* nem jamais sonhara tornar-me praticante de alguma arte marcial. Tudo isso aconteceu há muito tempo, e agora posso dizer que a prática do *aikido* foi a segunda experiência mais profunda de aprendizado em minha vida. O ensino do *aikido* foi a primeira.

Antes mesmo de obter minha faixa preta de primeiro grau, fui nomeado pelo meu professor como instrutor-assistente. Minha tarefa: ensinar os princípios básicos da arte aos iniciantes. Seis anos mais tarde, em outubro de 1976, logo depois de obtermos nossa faixa preta, dois colegas de *aikido* e eu criamos nosso próprio *dojo*. Depois de um início um tanto discutível há muitos anos (não é algo habitual faixas pretas de primeiro grau abrirem a própria escola), o Aikido de Tamalpais converteu-se em um *dojo* respeitado e feliz. Nós três continuamos a desenvolver nossas habilidades e alcançamos posições mais elevadas. Dentre os milhares de alunos que praticaram em nossa escola, em várias épocas, saíram 28 faixas pretas – um número nada desprezível em uma arte difícil, que não oferece graus com facilidade.

A essa altura, gostaria de poder dizer-lhes que agora já dominei a arte de ensinar alunos de progresso mais lento, bem como principiantes. Mas não seria verdade; ainda preciso trabalhar nesse sentido. Presto muita atenção quando Wendy Palmer, uma de minhas sócias, me diz que ensinar principiantes e alunos mais lentos é fascinante e prazeroso. Ela acredita que o aluno talentoso tende a aprender tão depressa que as pequenas etapas do processo de aprendizagem ficam obscurecidas, criando uma superfície opaca que oculta os segredos da arte. Mas, com o aluno lento, o professor é forçado a lidar com passos miúdos, progressivos, que penetram como raios X a própria essência da arte, revelando com clareza o processo pelo qual a arte se manifesta no movimento.

Pouco a pouco, o mistério desvendou-se. Minha experiência como instrutor mostrou-me, em primeiro lugar, que os alunos mais talentosos não se revelam necessariamente os melhores na arte marcial. Às vezes, por estranho que pareça, aqueles dotados de um talento excepcional têm dificuldade em permanecer no caminho da maestria. Em 1987, eu e meus colegas da *Esquire* fizemos uma série de entrevistas com atletas conhecidos como mestres em seus respectivos esportes, que tendiam a confirmar esse achado paradoxal. A maioria dos entrevistados colocou o trabalho árduo e a experiência acima do genuíno talento. "Já vi muitos jogadores de basquete com uma grande capacidade inata, mas que simplesmente não queriam trabalhar", disse Rod Carew. "Eles desapareceram com rapidez. Em compensação, tenho visto outros sem nenhuma capacidade digna de menção permanecerem nas grandes ligas por catorze ou quinze anos."

Bom cavalo, mau cavalo

No seu livro *Mente Zen, Mente de Principiante*, o mestre zen Shunryu Suzuki aborda o problema dos aprendizes rápidos e lentos como se fossem cavalos. "Diz-se em nossas escrituras que há quatro espécies de cavalos: os excelentes, os bons, os medíocres e os maus. O melhor cavalo andará devagar e depressa, para a direita e para a esquerda, conforme a vontade do cavaleiro, antes de ver a sombra do chicote; o cavalo que vem logo depois correrá tão bem quanto o primeiro, antes que o chicote lhe chegue ao pelo; o terceiro cavalo correrá quando sentir dor no corpo; o quarto correrá depois que a dor lhe penetrar a medula óssea. Por aí se vê como é difícil para o quarto cavalo aprender a correr.

"Quando ouvimos essa história, quase todos nós queremos ser o melhor cavalo. Se for impossível ser o melhor, queremos ser o que vem logo depois dele." Mas isso é um erro, diz mestre Suzuki. Quando você aprende com muita facilidade, sente-se tentado a não trabalhar com afinco, a não penetrar a essência da prática.

"Se você estudar caligrafia, descobrirá que os que não são muito hábeis acabam se tornando os melhores calígrafos. Os que são muito hábeis com as mãos encontram, não raro, grande dificuldade depois de alcançar determinado estágio. Isso também é verdade na arte e na vida." O melhor cavalo, de acordo com Suzuki, pode ser o pior cavalo. E o pior cavalo pode ser o melhor, pois, se ele perseverar, terá aprendido o que veio praticando ao longo do caminho, até a medula óssea.

A parábola de Suzuki acerca dos quatro cavalos não me saiu da cabeça desde o dia em que a ouvi. Em primeiro lugar, ela lança um claro desafio à pessoa dotada de talento excepcional: para realizar plenamente seu potencial, essa pessoa terá de trabalhar com a mesma diligência com que trabalham os que têm menos capacidade inata. A parábola fez-me compreender que, se sou o primeiro ou o segundo cavalo como instrutor de aprendizes rápidos, sou o terceiro ou quarto cavalo como instrutor de aprendizes lentos. Mas há esperança. Se eu perseverar e me empenhar em ajudar todos os Brewsters e Edmundsons que aparecerem na nossa escola de *aikido*, algum dia vou conhecer esse aspecto da instrução até a minha medula óssea.

Nessas condições, quando você procurar o seu instrutor, em qualquer prática ou arte, reserve um momento para comemorar quando descobrir algum que corra atrás do desempenho máximo. Mas assegure-se também de que ele esteja dando atenção especial ao aluno mais lento no tatame.

Comparando vários modos de instrução

E o que dizer a respeito de outros modos de instrução? Na maior parte dos casos, as gravações em áudio e vídeo têm eficácia limitada*. O aprendizado envolve interação entre o aprendiz e o ambiente de ensino, e sua eficácia se relaciona com a frequência, a qualidade, a variedade e a intensidade dessa interação. Com gravações, não existe nenhuma interação; todas as informações fluem em uma única direção. Um vídeo pode lhe mostrar o modo ideal de manejar o taco de golfe, que você poderá imitar, e isso, por certo, é melhor do que nada, mas a gravação não tem como observá-lo nem

* Hoje dispomos de vários recursos e ferramentas interativos *on-line* que são extremamente eficazes. (N. da P.)

como lhe dizer quanto você está reproduzindo o ideal. Com o controle remoto, a gravação pode ser facilmente interrompida, revertida, repetida e, em alguns casos, vista em câmera lenta – o que a torna, é verdade, muito melhor do que um filme educativo ou um programa de televisão, que evolui em um padrão invariável, sem levar em conta o progresso ou o entendimento do aprendiz.

O livro também é prático, além de ser portátil e de fácil manejo. Mas, assim como a gravação, não é capaz de interação. Mesmo assim, apesar das maravilhas do século do computador, o livro continua a ser um instrumento importante para o aprendizado, sobretudo das práticas que são, em primeiro lugar, cognitivas. Se uma imagem vale, às vezes, mil palavras, talvez uma imagem em movimento valha dez mil palavras. Mas também é verdade que um bom parágrafo tem, às vezes, mais poder de mudar o indivíduo e o mundo do que qualquer número de imagens.

A sala de aula comum de uma escola ou faculdade não é um lugar muito bom para aprender. O "ensino frontal", com o professor sentado ou de pé diante de 20 a 35 alunos, que por sua vez estão sentados em carteiras fixas, é antes de tudo uma conveniência administrativa, um modo de parcelar e conduzir o fluxo de estudantes na educação de massa. Constata-se com tristeza que, nos últimos cem anos, quase todos os aspectos de nossa vida nacional – indústria, transportes, comunicações, computação, entretenimento – mudaram tanto que ficaram quase irreconhecíveis, enquanto as escolas permanecem essencialmente as mesmas.

Deem uma olhada. Lá está: um professor transmitindo a mesma informação, do mesmo jeito, a um grupo de estudantes quase passivos, não importando suas capacidades individuais, antecedentes culturais ou estilos de aprendizagem. Tenho escrito um pouco a respeito do assunto e do tipo de reforma que poderia remediar a situação por meio da autorregulação e da individuação das capacidades do computador e de outros novos métodos de educação. Acredito que, num futuro próximo, será inevitável algum tipo de reforma escolar que remeta a essas características.

Entretanto, ainda existem bons e maus professores. Visitas feitas a centenas de escolas convenceram-me de que o professor capaz de fazer funcionar o atual sistema é indubitavelmente um mestre. Não é necessariamente o que dá as aulas mais primorosas, mas, antes, o que descobriu como *envolver cada aluno ativamente* no processo de aprendizagem. Um matemático laureado em uma universidade importante era famoso por cometer, de propósito, pequenos erros ao escrever fórmulas na lousa. Os alunos sentavam-se na beira das cadeiras, ansiosos por ser o primeiro a constatar o erro e apressar-se em corrigir o professor – é evidente que se tratava de um mestre na arte da instrução.

Saber quando dizer adeus

Afortunado é quem consegue descobrir um professor assim, sobretudo no início do processo de aprendizado. Desde os primeiros anos na escola até a faculdade, é verdade que os alunos, na maioria das vezes, não têm muita escolha.

E, mesmo os que dentre nós podem escolher fazem, não raro, a escolha errada. Se você se vir às voltas com um professor que não lhe parece bom, olhe a princípio para dentro de si mesmo. É possível que esteja esperando dele mais do que qualquer professor possa lhe dar. Mas os professores, assim como os alunos, podem ser preguiçosos, excessivamente voltados a um objetivo, indiferentes, sedutores do ponto de vista psicológico ou apenas ineptos. É importante manter a distância psicológica apropriada. Se estiver afastado demais, não terá a oportunidade de se entregar, e a entrega faz parte da jornada do mestre (veja o Capítulo 7); se se aproximar demais, perderá toda a perspectiva e passará a ser mais um discípulo do que um aluno. A responsabilidade pelo bom equilíbrio pertence não só ao aluno, mas também ao professor. Quando ocorrem diferenças irreconciliáveis, lembre-se de que a melhor parte da sabedoria é saber quando dizer adeus.

Tenha em mente que, no caminho da maestria, o aprendizado nunca termina. Nas palavras do grande mestre japonês de esgrima Yamaoka Tesshu:

Não pense que

Isto é tudo o que existe.

Existem ensinamentos

Mais e mais maravilhosos –

A espada é insondável.

CAPÍTULO 6

Segunda Chave: Prática

É uma velha piada, que aparece em muitas versões, mas sempre transmite a mesma mensagem. Em uma das versões, um casal de texanos em um Cadillac, a caminho de um concerto, perde-se no Lower East Side de Nova York. O casal para o carro para pedir informações a um velho barbudo.

"Como é que se faz para chegar ao Carnegie Hall?", pergunta.

"Praticando!", responde o velho.

O uso da palavra *prática* como verbo é claro para todos nós. Você pratica tocar o trombone, sua rotina de dança, suas tabuadas, sua missão de combate. Praticar, nesse sentido, implica alguma coisa à parte do restante de sua vida. Você pratica com a intenção de aprender uma habilidade, aprimorar-se, seguir em frente, atingir metas, ganhar dinheiro. Esse modo de ver a prática é útil em nossa sociedade; você, é óbvio, terá de praticar para chegar ao Carnegie Hall.

Para quem está no caminho do mestre, no entanto, a palavra é mais bem entendida como substantivo – não como alguma coisa que você *faz*, mas como algo que você *tem*, algo que você *é*. Nesse sentido, a palavra se assemelha à palavra chinesa *Tao* e ao termo japonês *Do*, ambos significando, literalmente, estrada ou caminho. A prática é o caminho pelo qual você segue, só isso.

A prática (como substantivo) pode ser qualquer coisa que você pratique com regularidade e como parte integrante de sua vida – não com a intenção de ganhar alguma outra coisa, mas pelo simples amor a ela. Pode ser um esporte ou uma arte marcial. Pode ser jardinagem, *bridge*, yoga, meditação ou um serviço prestado à comunidade. O médico pratica a medicina e o advogado pratica o direito, e cada um deles também *tem* uma prática. Mas, se a prática for apenas uma coleção de pacientes ou clientes, uma forma de ganhar a vida, não será uma prática de *mestre*. Para o mestre, as recompensas recebidas ao longo do caminho são ótimas, mas não o motivo principal da jornada. Enfim, o mestre e o caminho do mestre são um só. E, se o viajante tiver sorte – isto é, se o caminho for bastante complexo e profundo –, o destino ficará a três quilômetros de cada quilômetro percorrido.

Em um de nossos seminários, uma mulher perguntou à minha esposa, Annie, por que continuava frequentando as aulas de *aikido*. "Pensei que já tivesse recebido sua faixa preta", disse ela. Annie precisou de alguns minutos para explicar que uma faixa preta é apenas mais um passo dado ao longo de uma estrada sem fim, uma licença para continuar aprendendo enquanto tiver vida.

Em um país obcecado pela realização de metas ("Não importa o modo como você vai pontuar; a única coisa importante é conseguir esses pontos." "Não me diga como vai vender o que anunciou; limite-se a vendê-lo." "Vencer não é tudo; é a única coisa."), a dedicação a uma jornada sem meta pode parecer incompreensível, se não esquisita. Mas, por trás dos lemas que você lê em notícias esportivas e na seção de negócios, há uma realidade mais profunda: o mestre concorda com a retórica da contagem de pontos e da vitória (no clima atual da mídia, quem daria atenção a qualquer outra coisa?), embora em seu íntimo trate com carinho os jogos repletos de reviravoltas e mudanças de caminho, grandes jogadas, chamadas secretas e fins mágicos – independentemente de quem vença.

Há outro segredo: as pessoas que conhecemos como mestres não se dedicam à sua habilidade particular apenas para se aperfeiçoar nela. A verdade é que *eles gostam de praticar* – e por isso se aprimoram. E, portanto, para completar o ciclo, quanto mais se aperfeiçoam, tanto mais se comprazem em executar os movimentos básicos, mais e mais vezes.

Os principiantes nas aulas básicas de nossa escola de *aikido* fazem um simples movimento misto de oito a dez vezes, e depois se põem a olhar, agitados, para um lado e para o outro, à procura de alguma coisa nova que os distraia. Os faixas pretas nas aulas básicas têm o conhecimento e a experiência – a *percepção* – necessários para apreciar as sutilezas e as infinitas possibilidades contidas até mesmo na técnica mais rudimentar. Lembro-me de uma aula de *aikido* há alguns anos, quando eu era faixa marrom, logo abaixo da faixa preta. O professor começou nos ensinando a executar uma técnica chamada *shihonage* (uma técnica para arremessar um oponente em muitas direções diferentes), depois continuou com a mesma variação da mesma técnica nas duas horas de aula. Passada a primeira meia hora, pus-me a pensar no que viria depois (nossa escola raramente praticava a mesma técnica por tanto tempo). Ao fim da primeira hora, entretanto, eu havia me concentrado em um ritmo firme, semelhante a um transe, que eliminava todas as considerações de tempo ou repetição. Minhas percepções se expandiram. As escassas e aparentes variações entre um lançamento e outro tornaram-se significativas e reveladoras. Quando terminou a segunda hora, estava esperando que a aula nunca mais acabasse.

Ficar no tatame

"O mestre", diz um antigo adágio das artes marciais, "é o que fica no tatame cinco minutos a mais do que qualquer outro, todos os dias." E não apenas no *aikido*. Em agosto de 1988, visitei o campo de treino dos Seattle Seahawks como convidado do coordenador atacante do time. Terminada a sessão de treino da manhã, os jogadores saíram se arrastando do campo para o vestiário – isto é, todos os jogadores, menos dois. Um dos dois, que continuava correndo, virou-se de repente para receber um passe do outro. Repetidamente, correu do mesmo jeito e recebeu o mesmo passe. O campo estava vazio, os outros jogadores já tinham entrado, tomado uma ducha e se vestido. Os treinadores também tinham ido embora e os espectadores haviam se retirado. Eu permaneci ali, na linha lateral, fascinado. Quem era aquele animado recebedor de passes? Devia ser, sem dúvida, algum novato, alguém tentando mostrar que estava em condições de entrar no time. Não, era Steve Largent, não somente o atacante em posição de receber o passe dos Seattle Seahawks, mas também o principal recebedor da história da Liga Nacional de Futebol Americano.

O instrutor de qualquer jogo, na maioria das vezes, é um mestre da prática. No apogeu de sua carreira, Larry Bird, do Boston Celtics, foi talvez o mais completo jogador de basquete do seu tempo. Incapaz de pular tão alto ou de correr tão rápido quanto muitos outros jogadores, deram-lhe o título de Revelação do Ano da Associação Nacional de Basquete em 1980, de "craque" em duas séries de campeonato e de melhor jogador da liga por três anos seguidos. Bird começou a desenvolver sua prática de basquete aos 4 anos de idade e nunca mais parou de praticar. Depois que os Celtics venceram o campeonato da National Basketball Association (NBA), em junho de 1986, os repórteres perguntaram-lhe o que pretendia fazer em seguida. "Há algumas coisas que ainda quero trabalhar", foi sua resposta, segundo dizem. "Começarei meu treinamento fora de temporada na semana que vem. Duas horas por dia, com pelo menos cem arremessos livres." Muitos profissionais tiram folga em uma parte do verão, mas Larry Bird, não. Ele corre em busca de condicionamento, subindo e descendo os morros mais íngremes que encontra. No pátio demarcado para jogo com tabela de vidro em sua casa em French Lick, Indiana, ele pratica. Durante a temporada, no ginásio do Hellenic College, em Brookline, ele pratica. Nas excursões, em arenas espalhadas por todo o país, antes de cada partida, ele pratica.

Nos anos que passou com os Celtics, Bird era conhecido por entrar na quadra uma ou duas horas antes de todo mundo para praticar arremessos – cobranças de lances livres, cestas de dois pontos, arremessos da linha de três pontos, arremessos de todos os tipos de ângulo. Às vezes, só de brincadeira, sentava-se na lateral e fazia arremessos, ou encontrava uma cadeira na primeira fila e de lá arremessava a bola. Não há dúvida, Bird gostava de vencer. Entretanto, de acordo com seu agente, Bob Woolf, essa não era a razão principal que o motivava a praticar com tamanha diligência e jogar com tanta dedicação. "Ele o faz para se divertir. Não para ganhar dinheiro, nem para ser aclamado, nem para adquirir respeito devido às suas realizações. Ele apenas gosta de jogar basquete."

Habilidades explícitas como as que se encontram nas artes marciais, nos esportes, na dança, na música etc. proporcionam exemplos explícitos de prática. Mas esta Segunda Chave da maestria fortalece uma ampla variedade de atividades humanas. A boa prática dos negócios exige que os administradores mantenham a mecânica das operações em circulação em todos os momentos, sendo especialmente diligentes e disciplinados em matérias básicas como orçamento, atendimento a pedidos e controle de qualidade. As famílias que se mantêm unidas apegam-se a determinados rituais, não importam a pressa ou distrações da vida cotidiana; isso pode significar uma refeição completa, à mesa, todos os dias, com a presença de todos os integrantes da família. As nações também têm sua prática, como se vê, por exemplo, na observância regular e sincera dos festivais nacionais e dos dias santos. Algumas nações permitem-se uma experiência questionável, mudando ocasionalmente as datas dos feriados devido ao comércio e aos fins de semana de quatro dias.

A prática regular, mesmo que pareça não estar levando-o a parte alguma, pode, a princípio, parecer onerosa. Mas enfim chega o dia em que ela se transforma em uma parte adorada de sua vida. Você se instala nela como se instala em sua poltrona favorita, sem ter consciência do tempo nem da turbulência do mundo. Ela ainda estará ali para você no dia seguinte. Nunca irá embora.

"Quanto tempo levarei para dominar o *aikido*?", pergunta um aluno previdente. "Quanto tempo você espera viver?", é a única resposta considerável. Em última análise, a prática é o caminho da maestria. Se permanecer nele por tempo suficiente, descobrirá que se trata de um lugar animado, com seus altos e baixos, seus desafios e confortos, suas surpresas, decepções e alegrias incondicionais. Receberá sua cota de tombos e contusões enquanto estiver caminhando – contusões tanto do ego quanto do corpo, tanto da mente quanto do espírito –, mas isso pode perfeitamente vir a ser a coisa mais segura de sua vida. Aliás, poderá também, por fim, fazer de você um vencedor na área que tiver escolhido, se for o que estiver procurando, e então as pessoas o chamarão de mestre.

Na realidade, porém, não é isso que importa. O que é maestria? Em sua essência, maestria é prática. Maestria é não sair do caminho.

CAPÍTULO 7

Terceira Chave: Entrega

Mede-se a coragem de um mestre pela sua disposição em se entregar. Isso significa entregar-se ao professor e às exigências da disciplina. Significa igualmente entregar a própria proficiência, conquistada a duras penas, de tempos em tempos, no intuito de chegar a um nível mais alto ou diferente de competência.

As primeiras etapas de todo novo aprendizado importante invocam o espírito do bobo (veja o Epílogo). É quase inevitável que você se sinta desajeitado, que depare com fracassos, literais ou figurados. Não existe outra alternativa. O principiante que quiser manter sua dignidade se tornará rígido, blindado, e a aprendizagem não passará através dele. Isso não quer dizer que você deva entregar a própria essência física e moral, ou aceitar, passivo, ensinamentos que lhe seriam nocivos. Mas você já investigou seu instrutor (veja a Primeira Chave). Agora é a hora de deixar um pouco de lado a descrença. Vamos presumir que o professor lhe peça que comece colocando o dedo no nariz e equilibrando-se em um pé só. A não ser que exista uma razão mais forte em contrário, ceda, entregue-se. Experimente fazer o que lhe pedem.

Afinal de contas, o aprendizado de qualquer habilidade importante envolve certas indignidades. Seus primeiros mergulhos correm o risco de ser "barrigadas" – e atrairão a atenção de quase todo o mundo na piscina. Você está disposto a aceitar uma coisa dessas? Se não estiver, desista de mergulhar. O rosto que desenhar em sua primeira aula de arte será mais parecido com a cara do sr. Cabeça de Batata do que com a Mona Lisa. Será essa uma boa razão para desistir da arte? E que dizer dos tornozelos trêmulos nas primeiras vezes em que experimentar patinar no gelo? E do impacto do gelo duro e frio na parte do corpo comumente reservada aos assentos? Reveses dessa espécie não se limitam aos principiantes; acontecem até nas Olimpíadas. Se quiser chegar lá, vá se preparando para vivenciá-los.

Além disso, há os ensaios intermináveis, o trabalho enfadonho, os movimentos básicos praticados incontáveis vezes. Quem, senão um bobo, embarcaria em uma carreira musical plenamente consciente de que poderá acabar repetindo cem mil vezes cada uma das escalas maiores e menores? Para algumas pessoas, essa simples perspectiva já justifica a resistência a qualquer tipo de entrega. Mais ou menos no meio da minha terceira aula de *aikido*, o professor fez a demonstração do *tai no henko*, o mais fundamental dos movimentos combinados da arte. Sem um instante de reflexão, eu me ouvi dizendo: "Nós já praticamos essa técnica". A observação não provocou sequer uma resposta, apenas um sorriso levemente divertido. Minha entrega foi definitiva: desde então, já pratiquei o *tai no henko* mais de cinquenta mil vezes.

Na verdade, a essência do tédio está na busca obsessiva da novidade. A satisfação está na repetição consciente, na descoberta de riquezas intermináveis nas sutis variações de temas familiares.

Histórias de mestres de esgrima

A literatura do Oriente está repleta de histórias sobre o mestre de esgrima e o aprendiz. Todas têm o mesmo sentido geral. Um jovem ouve falar de um mestre de esgrima que mora em uma província distante. Depois de uma viagem longa e difícil, apresenta-se à porta do mestre e pede para ser seu aluno. O mestre fecha a porta na cara do jovem. Dali por diante, todos os dias, o jovem vem sentar-se à porta do mestre, apenas à espera. Um ano se passa, e o mestre, de má vontade, permite que o jovem faça alguns servicinhos ao redor da casa – cortar lenha, carregar água. Passam-se alguns meses, talvez anos. Certa manhã, sem avisar, o mestre ataca o moço pelas costas e o golpeia no ombro com uma espada de bambu, uma *shinai*. O mestre começou ensinando a prontidão. Por fim, dá ao aprendiz a própria *shinai* e continua a lhe ensinar a arte da espada, à qual o aluno vinha se entregando durante todo esse tempo.

Em um país que fez de um livro intitulado *Total Fitness in 12 Minutes* um dos mais vendidos, histórias como essa tendem a ter escassa relevância. Apesar disso, o mito do mestre de esgrima tem o poder de penetrar a cultura popular, ainda que apenas em uma versão americanizada. O primeiro, e o melhor, *Karatê Kid* condensa os anos do mito em alguns poucos meses, tendo o aprendiz de pintar a cerca do mestre de karatê e de lhe encerar o carro em vez de cortar lenha e transportar água.

A entrega de si mesmo ao mestre e aos princípios fundamentais da arte são apenas o início. Há momentos na jornada de quase todo mestre em que se torna necessário abrir mão de uma competência duramente conquistada, a fim de passar para a etapa seguinte. Isso é particularmente verdadeiro quando você está parado em um nível de habilidade familiar e confortável. Aqui se aplica a parábola da xícara e do galão. Há um galão de leite sobre a mesa – ao seu alcance. Mas você está segurando uma xícara de leite na mão e tem medo de se desfazer dela para ficar com o galão.

Seu medo não é destituído de fundamento. Se estivesse jogando nos noventa pontos por algum tempo, no campo de golfe, e quisesse baixar os pontos para os oitenta ou mesmo para os setenta, talvez tivesse de desistir dos noventa por algum tempo; talvez tivesse de interromper o jogo antes de reiniciá-lo. O mesmo se aplica a quase todas as habilidades. Durante muitos anos toquei *jazz* ao piano para meu próprio entretenimento. Desenvolvera um pequeno repertório em uma série limitada de tons, utilizando acordes pouco ousados. Todas as vezes que escrevia ou falava sobre o personagem que chamo de Picareta, olhava para a curva que descreve seu progresso, pensava na minha maneira de tocar piano e dizia a mim mesmo: "Este sou eu!."

Certa feita, encorajado pela minha então sócia no *aikido*, Wendy, talentosa cantora e violonista, surpreendi-me ao tocar com um verdadeiro e pequeno grupo de *jazz*, aprendendo novas canções em novas claves, mudando minha maneira de expressar os acordes e, de modo geral, procurando alcançar um nível de atividade com o qual jamais sonhara. A princípio, tudo começou a ruir. Onde estava o meu velho e confortável estilo de solo? Eu abrira mão da xícara e não agarrara o galão. Debatia-me nesse espaço assustador e escorregadio entre competências.

Nesse exato momento, foi nos dada a oportunidade de tocar em uma boate local em que se ouvia *jazz*. Alguém – seria mesmo eu? – disse: "Agarre essa oportunidade". E me vi passando direto do território do Picareta para o do Obsessivo, sem dar sequer uma volta pelo território da maestria, praticando com tanto afinco que ganhei um tendão inflamado no dedinho direito e tinha de fazer compressa com gelo na mão todas as vezes que tocava. Fosse como fosse, a execução se processou sem nenhum desastre, e agora estou procurando, às apalpadelas, o caminho para o trecho pesado da estrada da maestria nessa habilidade.

A história de dois especialistas

Como é que você responde quando lhe oferecem a oportunidade de renunciar à sua atual competência por outra, superior ou diferente? A história de dois especialistas em karatê – vamos chamá-los de Russell e Tony – que tentavam aprender *aikido* pode servir de guia. Ambos participavam de um programa de formação de oito semanas, que exigia cinco dias por semana de treinamento de *aikido*. A mim cabia ensinar a turma.

Pequeno, rijo, dinâmico e instruído, Russell era uma pessoa excepcionalmente graciosa, que deixava de lado o próprio conforto para ser útil aos colegas. Detentor de um título de doutor, dirigia o treinamento profissional de uma grande organização. Além disso, era faixa preta do primeiro grau de karatê. A instrução de Tony se dera sobretudo nas ruas de Jersey City. Ele viera para as artes marciais no princípio da vida e agora, aos 31 anos, era faixa preta do quarto grau de karatê e dono de duas escolas dessa modalidade de luta.

A partir do momento em que Russell pôs os pés no tatame de treinamento, revelou-se um praticante treinado de artes marciais. De sua rotina individual de aquecimento faziam parte diversos movimentos de karatê. Chamado para desferir um soco durante a aula, ele recorria ao estilo específico do karatê. Certa vez, em um ataque em que teria de agarrar o adversário com as duas mãos, notei que ele se movia propositadamente para manter a distância máxima entre seu corpo e o da pessoa que atacava. Sugeri-lhe que ficasse mais perto do adversário e deixasse o ataque fluir. "Está brincando", disse ele, rindo. Eu lhe disse que, para aprender os movimentos básicos, seria melhor, por enquanto, esquecer as possibilidades defensivas; aprenderíamos a lidar com essas aberturas depois. Percebi que Russell achava difícil abrir mão de sua perícia e, por causa disso, deixava de aproveitar ao máximo o treinamento de *aikido*. Depois das primeiras quatro semanas, ele passou a ficar atrás daqueles que nunca tinham praticado nenhuma arte marcial, e somente a essa altura, por fim, desistiu de sua competência anterior e entrou no caminho da maestria.

A abordagem de Tony era diferente. Desde o início, nunca fez um movimento, nem sequer um gesto que pudesse revelar nele um mestre em outra arte. Sem um pingo de ostentação, demonstrava mais respeito pelos professores do que qualquer outro aluno – apesar de sua alta posição. Tinha um ar de calma sinceridade e uma consciência infalível de tudo o que acontecia à sua volta; além disso, tinha uma presença imponente, que seria logo reconhecida por qualquer praticante treinado de uma arte marcial. Somente pelo modo com que se sentava, ficava de pé e andava, Tony revelava-se um companheiro de caminhada na estrada da maestria.

Durante uma aula, no fim das primeiras quatro semanas, fiz todos os alunos sentarem-se na beirada do tatame e pedi a Tony que nos mostrasse uma *kata* de karatê (sequência predeterminada de movimentos). Ele inclinou-se, caminhou até o centro do tatame e respirou profundamente por alguns momentos. O que se seguiu provocou uma rápida inspiração em quase todos nós. Movendo-se com graça e mais depressa do que os olhos poderiam acompanhar plenamente, Tony desferiu um golpe rápido e mortal, seguido de um pontapé depois do outro, saltando, girando, emitindo gritos *kiai* retumbantes, à medida que despachava adversários imaginários em cada ponto de bússola. Concluída a demonstração, inclinou-se com humildade e voltou para a borda do tatame a fim de tomar seu lugar entre os outros – o mais perfeito de todos os principiantes.

Talvez o melhor a se esperar na jornada do mestre – seja sua arte a administração ou o casamento, o *badminton* ou o balé – é o cultivo da mente e do coração do iniciante em cada etapa do caminho. Para o mestre, a entrega significa que não existem especialistas. Só existem aprendizes.

CAPÍTULO 8

Quarta Chave: Intencionalidade

Essa chave reúne palavras antigas e novas – caráter, força de vontade, atitude, imaginação, jogo mental –, mas o que chamo de intencionalidade, seja qual for o modo como se olha para ela, é um elemento essencial para ter com você na jornada do mestre.

O poder do jogo mental chegou ao conhecimento público na década de 1970, por meio de revelações de algumas das figuras mais notáveis dos esportes no país. O golfista Jack Nicklaus, por exemplo, afirmou que nunca bateu em uma bola sem antes visualizar com clareza seu voo perfeito e destino triunfal, "sentada lá em cima, alta, branca e linda, sobre o campo de golfe". Uma tacada bem-sucedida, contou-nos Nicklaus, representava cinquenta por cento de visualização, quarenta por cento de postura e apenas dez por cento de *swing*, ou seja, movimento que o jogador faz para golpear a bola com o taco, transferindo a energia e direção para a bola, permitindo que ela voe em direção ao objetivo. O principal dos ladrões de bola profissionais descreveu-se imaginando cada uma de suas partidas, muitas e muitas vezes, na véspera de um jogo; ele entendia que seu sucesso no campo, no dia seguinte, tinha estreita relação com a vividez de sua prática mental. Fisioculturistas e levantadores de peso testemunharam o valor da intencionalidade. Arnold Schwarzenegger argumentou que levantar peso uma vez com plena consciência equivalia a levantá-lo dez vezes sem percepção mental. A ele se juntaram Frank Zane e outros, confirmando o efeito da mente sobre características orgânicas, como músculos e ferro.

O que havia acontecido é que o treinamento e a técnica nas atividades esportivas alcançaram um nível extremamente elevado de desenvolvimento – tão alto que novos aperfeiçoamentos ao longo dessa linha só poderiam surgir em minúsculos desenvolvimentos. Jack Nicklaus atribuiu apenas dez por cento do sucesso de uma tacada ao *swing*, porque seu *swing* talvez já fosse quase perfeito. O reino da mente e do espírito era a terra não descoberta, o lugar em que os pioneiros do desempenho esportivo poderiam obter os maiores êxitos.

Na época, para explorar essa oportunidade, certo número de times e indivíduos, que tinham se destacado nas respectivas especialidades, contrataram psicólogos do esporte para ensinar relaxamento, confiança e o ensaio mental de partidas ou movimentos específicos. Isso conduziu aos vídeos destinados a aguçar o jogo mental dos aspirantes à prática de esportes que não podem se dar ao luxo de ter um psicólogo particular. As mensagens em alguns desses são menos sofisticadas. Mind Communications, Inc., por exemplo, inseriu afirmações subliminares nas gravações. Sob o som de ondas ou do "som cor-de-rosa" (ruído rosa), enunciam-se palavras ou frases logo aquém do nível de percepção comum. O vídeo destinado ao futebol (americano) tinha frases como estas: "Conheço o meu jogo. Sou importante. Posso fazê-lo. Adoro correr. Relaxo. Uso pesos para ganhar força. Despacho a bola primeiro. Evito o açúcar, o café, o álcool, o fumo. Gosto de contato. Fixo um objetivo. Adoro exercícios. Tenho boas mãos. Posso vencer o meu oponente. Jogar, jogar, jogar. Respiro fundo e com regularidade. Sou um vencedor". Essas mensagens de impacto provaram-se eficazes para inspirar e motivar jogadores, especialmente quando usadas da forma correta e no contexto adequado.

O dr. Richard M. Suinn, da Universidade Estadual do Colorado, apresentou um método mais sofisticado, denominado ensaio de comportamento visuomotor (ECVM), que combina exercícios feitos em profundo relaxamento com vívidas imagens mentais da habilidade que deve ser aprendida. Em um estudo de ECVM, pesquisadores da Universidade Estadual do Texas do Norte dividiram 32 alunos de uma classe de principiantes de karatê em quatro grupos. Atribuíram a cada grupo uma prática diferente para ser feita em casa, durante um período de seis semanas, em que eles se encontrariam duas vezes por semana nas aulas de karatê. No início, aplicaram-se a cada aluno testes de ansiedade e de habilidades, e depois os lançaram aos vários tipos de prática: (1) somente relaxamento muscular profundo; (2) somente trabalho de imaginação – fechar os olhos e fazer movimentos de karatê diante dos olhos da mente; (3) ECVM – exercícios de relaxamento seguidos de imaginação; e (4) nenhuma prática em casa. Todos os grupos receberam a tradicional instrução de karatê.

No fim das seis semanas, os pesquisadores voltaram a testar os alunos para verificar o nível de ansiedade deles, e a escola de karatê fez os testes habituais de habilidades nos movimentos básicos e nos treinos com adversários. O grupo ECVM e o grupo só de relaxamento registraram níveis mais baixos de ansiedade do que os outros. No quesito dos adversários, o grupo ECVM obteve um número de pontos claramente maior do que os outros três.

Esse teste e outros levados a termo na mesma linha mostram resultados significativos em termos estatísticos, embora não espetaculares. Em primeiro lugar, o período da maioria dos estudos é relativamente curto; em segundo lugar, as pessoas utilizadas nos experimentos são representadas, em sua maioria, por iniciantes. Essas limitações tornam esses estudos menos considerados do que as numerosas narrativas de atletas mestres.

Para mim, a evidência mais forte do poder da imaginação provém da experiência direta no tatame do *aikido*. Nossa linhagem particular da arte usa muitas metáforas e imagens para acompanhar a mecânica do movimento, e é do plano insubstancial da mente e do espírito que fluem os mais visíveis resultados físicos. Por exemplo, em uma versão do *nikkyo* (chave de pulso), o atacante agarra o punho do aprendiz, que segura a mão do atacante pelo punho, agarrando-o e fazendo pressão para baixo em certo ângulo. Executada de modo apropriado, essa manobra sutil pode pôr de joelhos à sua frente um atacante muito maior e mais forte.

Uma aplicação puramente mecânica do *nikkyo* pode funcionar, mas somente com a aplicação de considerável força muscular. Existem, contudo, estratégias de imaginação que aumentam sua eficácia a um grau não apenas "significativo em termos estatísticos", mas realmente espantoso. Peço aos alunos que coloquem a mão, com os dedos esticados, sobre o punho do atacante, como de hábito, sem pensar no punho, mas "criando" longas extensões dos dedos, que atravessam diretamente o rosto do atacante, como se fossem raios *laser*, e tocam-lhe a base do crânio. A partir desse ponto, as extensões imaginárias dos dedos limitam-se a golpear, com delicadeza e em sentido descendente, a espinha do atacante. Não havendo outras diferenças, a eficácia da técnica depende da vividez da imagem. Na minha própria prática do *aikido*, a técnica imaginada parece consideravelmente mais eficiente do que a força muscular por si só; às vezes, um atacante vai para o chão feito um relâmpago, com uma expressão assustada no rosto, embora eu não tenha consciência de haver usado nenhuma força muscular.

O que é de fato real?

Como se explica a discrepância entre a aplicação mecânica e a aplicação imaginada? Serão os dedos magicamente alongados meras fantasias da imaginação ou serão eles, de certo modo, "reais"? A explicação mais fácil provém da própria mecânica: talvez a imagem dos dedos alongados, que empurram para baixo a espinha do atacante, proporcione a orientação capaz de trazer o praticante do *aikido* ao alinhamento apropriado para aplicar o *nikkyo*. É evidente que ela o faz. Os vários anos de experiência, contudo, convenceram-me de que nisso há muito mais que alinhamento. Minha mente lógica me diz que eu, de fato, não tenho dedos com cerca de sessenta centímetros de comprimento, capazes de atravessar o corpo de outra pessoa até chegar à sua espinha. Mesmo assim, as aplicações sem nenhum esforço real e aparentemente milagrosas da técnica só ocorrem quando a imagem mental é vividamente nítida e quando, de certo modo, posso "sentir" os dedos se movendo pela espinha do atacante, empurrando-a para baixo.

O que nos leva à pergunta sobre o que é de fato "real". Será a consciência um simples epifenômeno, como a quer o behaviorista B. F. Skinner? Ou estará certo o poeta William Blake ao sugerir que somente as coisas mentais são reais? Ou, se as construções mentais e a matéria do mundo objetivo são ambas reais, embora ocupem classes diferentes de realidade, qual é a natureza da interação entre ambas? Essas são perguntas colossais para um livro pequeno – e até mesmo para um livro grande. Ainda assim, é possível dizer apenas (e obviamente) que o pensamento, as imagens, os sentimentos e semelhantes são perfeitamente reais e exercem grande influência sobre o mundo da matéria e da energia. Na verdade, é possível argumentar que a informação pura é mais persistente do que a que classificamos de substancial – ou talvez que sejam ambas, na essência, a mesma coisa. "Cada vez mais, o universo parece ser antes um grande pensamento do que uma grande máquina", diz o astrônomo *sir* James Jeans.

O templo de Salomão, por exemplo, já não existe na forma de madeira, pedra e ouro; não podemos encontrá-lo em parte alguma. Entretanto, ele explode em uma existência gráfica, minuciosa, na nossa mente quando lemos os Capítulos 6 e 7 do Livro dos Reis na Bíblia. Nem Scarlett O'Hara nem Anna Karenina se fizeram carne, mas talvez as conheçamos melhor do que nossa vizinha da casa ao lado. Seu rádio portátil transistorizado é, sem dúvida, real, e você pode senti-lo nas mãos. Mas real também é o diagrama de ligações desse rádio, e assim era o mesmo diagrama quando se desenvolvia na mente do inventor. Qual deles é o *mais* real? É difícil dizer. Embora a estrutura fundamental, a relação abstrata entre as partes, seja a mesma nas três formas, pode-se argumentar que a mais abstrata é a mais fundamental e, talvez, com o passar do tempo, a mais persistente. O diagrama ou a imagem mental provavelmente durará mais do que o rádio que você tem nas mãos. E essas formas insubstanciais têm uma vantagem adicional: se quiser fazer modificações nas relações entre as partes, será mais fácil fazê-las no diagrama ou na mente do que no rádio tridimensional.

Qual é aqui o papel da intencionalidade? Ela está por certo envolvida na criação da estrutura como ideia. Está, ainda, envolvida na mudança dessa estrutura de uma forma em outra. Na verdade, é a esse tipo de mudança que o processo da maestria diz respeito. Às vezes, faço os alunos reterem na cabeça a visão ou a sensação de certa queda, para depois praticá-la repetidas vezes durante uma hora ou mais, até ficarem molhados de suor e inteiramente despojados das ideias ou sensações anteriores a respeito da queda. Esse uso da intencionalidade produz com frequência resultados favoráveis no mundo palpável, tridimensional, das artes marciais.

Pensamentos, imagens e sensações são, de fato, muito reais. A ideia de Einstein, segundo a qual a energia é igual à massa multiplicada pela velocidade da luz ao quadrado ($E = MC^2$), desencadeou por fim uma força impressionante. A transformação desse pensamento em calor e choque foi um processo longo e árduo. Mesmo assim, o pensamento, a visão, a intencionalidade eram primárias.

"Tudo o que sei", disse Arnold Schwarzenegger, "é que o primeiro passo consiste em criar a visão, porque, quando vemos a visão ali – a bela visão –, ela cria a 'força do querer'. Por exemplo, meu desejo de ser Mr. Universo aconteceu porque eu me vi, com a mais absoluta nitidez, no palco, vencendo."

A intencionalidade alimenta a jornada do mestre. Todo mestre é um mestre da visão.

CAPÍTULO 9

Quinta Chave: O Limiar

Agora chegamos, como precisamos chegar a tudo o que tem importância verdadeira, a uma aparente contradição, um paradoxo. Quase sem exceção, os que conhecemos como mestres dedicam-se aos princípios fundamentais de sua vocação. Entusiastas da prática, são conhecedores das pequenas etapas, das etapas de desenvolvimento. Ao mesmo tempo – e aqui está o paradoxo –, essas pessoas, esses mestres, são precisamente os que, com toda a probabilidade, desafiarão os limites anteriores, assumirão riscos por amor a um desempenho mais elevado e às vezes até se tornarão obsessivos nessa busca. É evidente que para eles a chave não é do tipo ou/ou, e sim do tipo ambos/e.

Chuck Yeager, herói do livro de Tom Wolfe, *Os Eleitos*, é considerado por muita gente o melhor piloto que já viveu. Perto do fim de sua autobiografia, *Yeager*, ele resume o que significa ser um grande piloto: possuir o "estofo certo". Nas duas primeiras páginas do resumo, ele cita "experiência" três vezes. "Se existe alguma coisa como 'estofo certo' no ofício de pilotar", diz-nos Yeager, "esse estofo é a experiência."

E, apesar disso, esse defensor da fase de estagnação, esse peregrino do caminho sem fim, é também um homem que fala com perverso deleite em "explorar os limites do impossível". Na véspera do dia em que tinha programado fazer um voo mais rápido que o som, pela primeira vez na história, Yeager caiu do cavalo durante uma cavalgada ao crepúsculo e lesionou seriamente o ombro. A contusão lhe tornaria impossível fechar a portinhola do avião foguete X-1 da maneira habitual depois que a nave-mãe o tivesse posto dentro dele a vinte mil pés de altura. Destemido, Yeager levou consigo um cabo de vassoura para fechar a porta com a outra mão – e em seguida cruzou a barreira do som, apesar da contusão.

O truque, aqui, não é apenas explorar os limites do impossível, mas também caminhar sobre a linha tênue que separa a prática sem fim e sem metas das metas sedutoras que aparecem ao longo do caminho. Em nosso *dojo*, apresentamos o *aikido*, antes de tudo, como um caminho que não tem fim. Mas também realizamos exames periódicos rigorosos, desafiadores e, às vezes, bem dramáticos. O exame que dá direito à faixa preta de primeiro grau, em particular, é um rito de passagem. O candidato enfrenta um período, de três a seis meses de duração, que conduz ao exame, tornando-se esse não só um curso intensivo de técnicas avançadas, mas também uma prova de fogo, física e psicológica. Durante essa provação, não há falhas pessoais nem idiossincrasias secretas que permaneçam ocultas. Se tudo correr bem, o exame propriamente dito se tornará uma expressão, não do ego, mas da essência, um momento de clímax e transcendência em uma longa jornada. Mas o que importa é a jornada. Nas palavras do antigo provérbio oriental: "Antes da iluminação, corte lenha e carregue água. Depois da iluminação, corte lenha e carregue água". Espera-se que o novo faixa preta esteja no tatame no dia seguinte, pronto para levar o primeiro tombo.

Desafiar o limiar é um ato de equilíbrio. Exige a percepção de saber quando você está passando dos limites de segurança. Nessa percepção, o homem ou a mulher no caminho da maestria toma, às vezes, a decisão consciente de fazer justamente isso. É o que vemos com clareza nas corridas, esporte tão genuíno, tão explícito, que se desenvolve em poucos minutos à vista de todos.

A corrida rápida e árdua exige quase sempre do corredor que desafie o limiar, e não se pode negar que aos corredores e candidatos a corredores devem ser oferecidos programas seguros e sensatos, e que eles devem ser advertidos contra os perigos e as ciladas da prática. Os que querem correr visando benefícios específicos, práticos – como controle de peso, redução de tensões, saúde do coração –, devem receber o que lhes é devido, mas limitar o diálogo a essas considerações práticas é rebaixar o espírito humano. Muita gente não corre para perder peso, mas sim para afrouxar os elos de uma cultura mecanizada; nem para adiar a morte, mas sim para saborear a vida. Para esses corredores, as advertências dos críticos contra os perigos do esporte são discutíveis; eles correm com muita consciência, como adultos informados, aquiescentes, a fim de exceder os limites anteriores e forçar os limiares do possível, quer isso signifique completar o primeiro circuito de uma pista de quatrocentos metros sem andar, quer signifique lutar por uma vitória em um triatlo, como no episódio relatado no *American Medical News*:

> *Poucos momentos na história dos esportes captaram de maneira tão pungente a agonia da derrota como quando a jovem Julie Moss, de 23 anos, liderava a divisão feminina da maratona de 42 quilômetros no Ironman Triathlon do Havaí, que faz parte do Campeonato Mundial.*
>
> *Faltando apenas 91 metros para transpor a fita de chegada, Moss caiu de joelhos. Levantou-se, transpôs mais alguns metros e tornou a cair. Enquanto giravam as câmeras de televisão, ela perdeu o controle de suas funções corporais. Voltou a se levantar, caiu e, em seguida, começou a rastejar. Ultrapassada pela que vinha em segundo lugar, continuou a se arrastar até a linha final, estendeu o braço e perdeu os sentidos.*
>
> *Jim McKay, da ABC Sports, chamou isso de "heroico [...] um dos maiores momentos na história do esporte transmitido pela televisão". O dr. Gilbert Lang, cirurgião ortopedista do Community Hospital de Roseville, na Califórnia, e que durante muito tempo disputou provas de resistência, qualificou o ocorrido de "estupidez quase fatal".*

Tanto Lang quanto McKay estão certos: foi estúpido e heroico. É claro que nenhum corredor deve ser encorajado a chegar tão perto do limiar da morte. Mas que mundo precário e pálido seria este sem essas atitudes extravagantes!

Talvez nem existisse um mundo humano, pois deve ter havido inúmeras vezes, antes do alvorecer da história, em que caçadores primitivos em busca de sua presa davam tudo de si, dessa mesma maneira, para que os membros de seus grupos, nossos remotos antepassados, pudessem viver. Pessoas como Julie Moss correm por todos nós, reafirmando nossa humanidade, nossa existência. E há motivos para acreditar que a maioria dos que conhecemos como mestres partilham seu estúpido e heroico desejo de usar a si mesmo até o limite, de chegar ao fim a qualquer custo, de atingir o inatingível.

Mas, antes de podermos sequer pensar em chegar a esse limiar, serão necessários muitos anos de instrução, prática, entrega e intencionalidade. E depois? Mais treinamento, mais tempo passado na fase de estagnação: mais uma vez o caminho sem fim.

Terceira Parte

Instrumentos para a Maestria

Introdução

Como o momento da partida se aproxima, é hora de imergirmos em certos aspectos específicos. Como se pode evitar a recaída? Onde você encontrará a energia para a sua jornada? Que ciladas encontrará ao longo do caminho? Como pode aplicar a maestria às coisas triviais da vida? O que deve levar de provisões na viagem?

Eis algumas sugestões de viajantes, alguns presentes de despedida e, em seguida... bon voyage*!*

CAPÍTULO 10

Por Que as Resoluções Fracassam e o Que Fazer a Respeito

Você decide fazer uma mudança para melhor na sua vida. Pode ser qualquer mudança significativa, mas digamos que ela envolva o ingresso no caminho da maestria, o desenvolvimento de uma prática regular. Você conta sobre seus projetos aos amigos. Põe sua resolução por escrito. E realmente faz a mudança. Ela funciona. Você se sente bem. Sente-se feliz com ela. Seus amigos se sentem felizes com ela. *Sua vida está melhor*. Então, você sofre uma recaída.

Por quê? Será você alguma espécie de palerma sem força de vontade? Não necessariamente. A recaída é uma experiência universal. Todos resistimos a uma mudança significativa, não importa que ela seja para pior ou para melhor. Nosso corpo, cérebro e comportamento têm a tendência implícita de permanecerem inalteráveis dentro de limites estritos, e de recuar quando modificados – e é muito bom que isso aconteça.

Pense nisto: se a temperatura do seu corpo subisse ou caísse dez por cento, você estaria em grande dificuldade. O mesmo se aplica ao seu nível de açúcar no sangue e a qualquer outra função do corpo. Essa condição de equilíbrio, essa resistência à mudança, chama-se homeostase. Ela é característica de todos os sistemas autorreguladores, desde uma bactéria até uma rã, desde o indivíduo humano até uma família, desde uma organização até uma cultura inteira – e se aplica tanto a estados e comportamentos psicológicos quanto ao funcionamento físico.

O exemplo mais simples de homeostase encontra-se no sistema de aquecimento da sua casa. O termostato na parede sente a temperatura da sala; quando a temperatura, em um dia de inverno, cai abaixo do nível que você estipulou, o termostato envia um sinal elétrico, que aciona o aquecedor. O aquecedor completa o circuito mandando calor para a sala em que o termostato está localizado. Quando a temperatura da sala atinge o nível que você estipulou, o termostato envia um sinal elétrico de volta ao aquecedor, desligando-o e mantendo assim a homeostase.

Para manter uma sala na temperatura certa, é preciso apenas um circuito de retroalimentação. Para manter vivo e bem o mais simples dos organismos unicelulares, são necessários milhares deles. E, para manter um ser humano em estado de homeostase, são necessários bilhões de sinais eletroquímicos entrelaçados, que pulsam no cérebro, precipitando-se ao longo de fibras nervosas e correndo pela corrente sanguínea.

Um exemplo: cada um de nós possui cerca de 150 mil minúsculos termostatos, em forma de terminais nervosos e pertinho da superfície da pele, sensíveis à perda de calor do nosso corpo, e outros 16 mil, ou coisa que o valha, um pouco mais aprofundados na pele, que nos alertam para a entrada de calor externo. Um termostato ainda mais sensível reside no hipotálamo, na base do cérebro, próximo dos ramos da artéria principal que leva o sangue do coração à cabeça. Esse termostato é capaz de captar até a mais leve mudança da temperatura do sangue. Quando você começa a sentir frio, os termostatos mandam um sinal às glândulas do suor, aos poros e aos pequenos vasos sanguíneos vizinhos da superfície do corpo, para que se fechem. A atividade das glândulas e a tensão dos músculos fazem-no estremecer, a fim de produzir mais calor, e seus sentidos enviam uma mensagem muito clara ao cérebro, levando-o a se movimentar, a vestir mais roupas, a aconchegar-se a alguém, a procurar abrigo ou a acender uma fogueira.

A homeostase dos grupos sociais põe em ação circuitos adicionais de retroalimentação. As famílias permanecem estáveis devido à instrução, às advertências, aos castigos, privilégios, presentes, favores, sinais de aprovação e afeição, e até por meio de uma linguagem extremamente sutil do corpo e de expressões faciais. Os grupos sociais maiores do que a família acrescentam vários tipos de sistema de retroalimentação. A cultura nacional, por exemplo, mantém-se unida devido ao processo legislativo, à aplicação da lei, à educação, às artes populares, aos esportes e jogos, às recompensas econômicas que favorecem certos tipos de atividade, e a uma teia complexa de costumes, símbolos de prestígio, criação de parâmetros para o desempenho do papel de celebridade e um estilo com amplo apoio da mídia, tal como em um sistema nervoso nacional. Embora possamos pensar que nossa cultura é louca por uma novidade, a função predominante de tudo isso – assim como acontece com os circuitos de retroalimentação do corpo – é a sobrevivência das coisas tais como são.

O problema é que a homeostase trabalha para manter as coisas como são, ainda que não sejam muito boas. Digamos, por exemplo, que nos últimos vinte anos – na verdade, desde que deixou o Ensino Médio – você tem levado uma vida quase inteiramente sedentária. Mas a maioria dos seus amigos vem se exercitando, e você chega à conclusão de que, se não pode vencê-los, vai se unir a eles. Comprar as malhas de ginástica e os tênis apropriados é divertido, assim como os primeiros passos quando começa a correr em ritmo moderado na pista da escola, perto da sua casa. Mas, depois que percorreu um terço da primeira volta, uma coisa terrível acontece. Talvez tenha sentido enjoo. Talvez esteja zonzo. Talvez haja uma sensação estranha de pânico em seu peito. Talvez você vá morrer.

Não, você não vai morrer. E tem mais: as sensações particulares que vivenciou provavelmente não são significativas por si sós. O que você está realmente recebendo é um sinal de alarme homeostático – sinos tocando, luzes brilhando. *Cuidado! Cuidado! Mudanças significativas na respiração, no ritmo cardíaco, no metabolismo. Seja o que for que estiver fazendo, pare com isso agora mesmo.*

Lembre-se de que a homeostase não distingue entre o que você chamaria de mudança para melhor do que consideraria uma mudança para pior. Ela resiste a *todas* as mudanças. Depois de vinte anos sem exercícios, seu corpo encara um estilo de vida sedentário como "normal"; o início da mudança para melhor é interpretado como ameaça. Nessas condições, você volta devagarzinho para o carro, pensando em procurar alguma outra revolução a que possa aderir.

Veja outro caso, que envolve uma família de cinco pessoas. O pai, alcoólatra, toma um porre a cada seis ou oito semanas. Durante o tempo em que está bebendo, e por vários dias depois, a família vive em um alvoroço permanente. Não há nada de novo. Esse alvoroço periódico tornou-se, de fato, o estado normal das coisas. Depois, por um motivo qualquer, o pai para de beber. Você imaginaria que toda a família ficaria feliz, e fica – por algum tempo. Mas a homeostase tem maneiras estranhas e furtivas de responder a um ataque. Existe uma boa chance de que, dentro de poucos meses, outro membro da família (digamos, um filho adolescente) faça alguma coisa (digamos, ser flagrado traficando drogas) para criar exatamente o tipo de alvoroço que as bebedeiras do pai provocavam antes. Sem uma orientação profissional esclarecedora, os membros dessa família não compreenderão que o filho, sem querer, apenas tomou o lugar do pai para manter o sistema familiar no estado em que se tornara estável e "normal".

Não há necessidade de enumerar as maneiras como as organizações e culturas resistem à mudança e retrocedem quando a mudança ocorre. Digamos apenas que a resistência nesse caso (assim como em outros) é proporcional ao tamanho e à rapidez da mudança, e não ao fato de a mudança ser favorável ou desfavorável. Se uma reforma organizacional ou cultural encontra uma tremenda resistência, a razão é porque se trata de uma ideia tremendamente má ou tremendamente boa. A mudança trivial, a ingerência burocrática, é muito mais fácil de ser aceita, e essa é uma das razões por que você vê tantas mudanças desse tipo. Do mesmo modo, as formas mais persuasivas da psicoterapia são aceitáveis, pelo menos até certo ponto, porque elas, às vezes, não mudam muita coisa, a não ser a capacidade do paciente de discorrer sobre seus problemas. Mas nada disso é dito com a intenção de condenar a homeostase. Queremos que a mente, o corpo e as organizações se mantenham. Queremos que o pagamento nos chegue às mãos no dia certo. Para podermos sobreviver, precisamos de estabilidade.

Contudo, mudanças ocorrem. Os indivíduos mudam. As famílias mudam. Organizações e culturas inteiras mudam. Os homeostatos são reajustados, ainda que o processo produza certa dose de ansiedade, dor e perturbação. Nesse caso, as perguntas são: como você lida com a homeostase? Como você lida mais facilmente com mudanças para melhor? Como faz a mudança durar?

Essas perguntas assumem grande importância quando você embarca no caminho da maestria. Digamos que, depois de anos dando duro na carreira, você decide abordá-la por meio dos princípios da maestria. É óbvio que sua vida inteira vai mudar e, por isso mesmo, terá de lidar com a homeostase. Mas, mesmo que comece aplicando a maestria a atividades como jardinagem ou tênis, que podem parecer ter menos importância para a sua existência, os efeitos da mudança poderão se desenvolver como ondas e tocar quase tudo o que faz. A compreensão significativa de mais um pouco do seu potencial em quase tudo pode mudá-lo de muitas maneiras. E, por mais que você se deleite com a mudança e tire proveito dela, é provável que encontrará a homeostase, mais cedo ou mais tarde. Talvez vivencie os sinais de alarme homeostático na forma de sintomas físicos ou psicológicos. Poderá, sem querer, sabotar seus melhores esforços. Poderá encontrar a resistência da família, dos amigos e dos colaboradores. E poderá se considerar realmente afortunado se não se pegar em um velho e familiar deslize, de volta aos caminhos do Diletante, do Obsessivo ou do Picareta.

Por fim, terá de decidir se quer mesmo investir o tempo e o esforço necessários para continuar no caminho. Se quiser, eis cinco diretrizes que talvez o ajudem. Embora estejam voltadas à maestria, elas também se aplicam a qualquer mudança em sua vida.

> *1. Tome consciência do modo como funciona a homeostase.* Esta pode ser a mais importante de todas as diretrizes. Espere resistência e revolta. Compreenda que, quando se puserem a soar os sinos de alarme, isso não quer dizer, necessariamente, que você está doente, ou louco, ou é preguiçoso, ou que tomou a decisão errada quando optou por embarcar na jornada da maestria. Na verdade, você pode interpretar esses sinais como um indício de que sua vida está mudando de forma

definitiva – exatamente o que queria. Pode acontecer, é evidente, de ter *começado* alguma coisa que não é certa para você; só você poderá decidir. Em qualquer caso, porém, não se deixe levar pelo pânico e não desista ao primeiro sinal de problema.

Você também pode esperar resistência de amigos, família e colaboradores. (A homeostase, como vimos, aplica-se tanto aos sistemas sociais quanto aos indivíduos.) Suponhamos que você costumava se arrastar para fora da cama às 7h30 e mal conseguia iniciar o trabalho às 9 horas. Agora que está no caminho da maestria, levanta-se às 6 horas para fazer uma corrida de cinco quilômetros e chega ao escritório, carregado de energia, às 8h30. Talvez suponha que seus colaboradores ficarão no auge da alegria, mas não tenha tanta certeza disso. E, quando chegar em casa, ainda vibrando de entusiasmo, acha que a família apreciará essa mudança? Pode ser. Tenha em mente, no entanto, que todo o sistema precisa mudar quando parte dele muda. Por isso mesmo, não se surpreenda se algumas das pessoas que ama começarem, velada ou abertamente, a minar seu progresso. Não é que queiram prejudicá-lo; é apenas a homeostase em ação.

2. *Esteja disposto a negociar com sua resistência à mudança.* Nessas circunstâncias, o que você faria quando esbarrasse em uma resistência, quando luzes vermelhas se acendessem e soassem campainhas de alarme? Bem, você não recua nem se deixa levar pela pressão. A negociação é o segredo para uma mudança de longo prazo

bem-sucedida em tudo, desde o aumento da velocidade de sua corrida até a mudança em sua organização. O fundista, ao trabalhar para conseguir um tempo mais rápido em um percurso predeterminado, negocia com a homeostase utilizando a dor, não como adversária, mas como o melhor guia possível de seu desempenho. O administrador propenso a mudanças mantém olhos e ouvidos atentos aos sinais de insatisfação ou inquietação, depois joga com o limite do descontentamento, a escolta inevitável da transformação.

A bela arte de jogar com os limites, neste caso, envolve a disposição de recuar um passo toda vez que avançar dois, e às vezes vice-versa. Também exige determinação para continuar indo para a frente, mas sem deixar de lado a percepção. Se simplesmente desviar a atenção dos avisos, estará se despojando de orientação e se arriscando a prejudicar o sistema. O simples fato de prosseguir no caminho, apesar dos sinais de alarme, aumenta a possibilidade de recaída.

Você nunca poderá ter certeza de onde surgirá exatamente a resistência. Sensação de ansiedade? Queixas psicossomáticas? Tendência para a autossabotagem? Atritos com a família, os amigos ou colegas de trabalho? Nenhuma dessas alternativas? Fique alerta. Prepare-se para sérias negociações.

3. *Desenvolva um sistema de apoio*. Você pode fazer tudo sozinho, mas ajuda muito ter outras pessoas com as

quais possa compartilhar as alegrias e os perigos da mudança que está fazendo. O melhor sistema de apoio envolveria pessoas que já passaram ou estão passando por um processo semelhante; pessoas que podem contar a própria história de mudança e que estejam dispostas a ouvir a sua; pessoas que o seguram quando você começa a retroceder e que o animam quando você não retrocede. O caminho da maestria, felizmente, quase sempre favorece agrupamentos sociais. Em seu livro seminal *Homo Ludens: o Jogo como Elemento da Cultura*, Johan Huizinga tece comentários sobre a tendência dos esportes e dos jogos para juntar as pessoas. A comunidade do jogo, assinala ele, tende a continuar mesmo depois de terminada a partida, inspirada pelo "sentimento de estarem 'separados juntos', na excepcional situação de compartilharem alguma coisa importante, de se afastarem mutuamente do resto do mundo e de rejeitarem as normas habituais". Podemos dizer o mesmo a respeito de várias outras atividades, conhecidas ou não formalmente como esportes – artes e ofícios, caça, pesca, yoga, zen, profissões, "o escritório".

E se sua busca pela maestria for uma busca solitária? E se não encontrar companheiros de viagem nesse caminho particular? Pelo menos, poderá deixar que as pessoas mais próximas saibam o que está fazendo e pedir apoio a elas.

4. Siga uma prática regular. Pessoas que embarcam em qualquer tipo de mudança podem ganhar estabilidade e conforto por meio do exercício de alguma atividade que valha a pena, com mais ou menos regularidade, não só para a consecução de um objetivo externo como também por amor à própria atividade. Um viajante no caminho da maestria é duplamente afortunado, pois a prática nesse sentido (como já mencionei mais de uma vez) é o fundamento do próprio caminho. As circunstâncias serão particularmente felizes no caso de você já ter estabelecido uma prática regular em alguma outra coisa antes de enfrentar o desafio e a mudança de iniciar uma nova. É mais fácil começar a aplicar os princípios da maestria à sua profissão ou ao seu primeiro relacionamento se já tiver estabelecido um programa regular de exercícios pela manhã. A prática é um hábito, e toda prática regular fornece uma espécie de homeostase fundamental, uma base estável durante a instabilidade da mudança.

5. Dedique-se à aprendizagem a vida inteira. Tendemos a esquecer que o aprendizado é muito mais do que aprender com os livros. Aprender é mudar. A educação, quer envolva livros, o corpo ou comportamentos, é um processo que modifica o aprendiz. Ela não precisa terminar na formatura da faculdade, nem aos 40, nem aos 60, nem aos 80 anos de idade, e o melhor aprendizado envolve o aprender a aprender – isto é, a mudar. O aprendiz que aprende a vida inteira é em essência alguém que aprendeu a lidar com a homeostase, simplesmente porque o faz o tempo todo. O Diletante, o

Obsessivo e o Picareta são aprendizes à sua maneira, mas a aprendizagem durante toda a vida é um privilégio especial dos que percorrem o caminho da maestria, o caminho que nunca termina.

CAPÍTULO 11

Como Conseguir Energia para a Maestria

Se você acha que não tem tempo nem energia para se dedicar à maestria, pense no velho provérbio segundo o qual, se quiser que algo seja feito, peça a alguém ocupado que o faça. Quase todos nós conhecemos pelo menos um desses prodígios de energia, que recebem muito mais do que a sua cota de trabalho e diversão no jogo do mundo. Se nos detivermos para pensar nisso, na verdade, quase todos nos lembraremos de períodos em que também estávamos explodindo de energia; quando montanha alguma parecia alta o bastante para nós; quando os limites entre o trabalho e a diversão se apagavam e enfim desapareciam. Lembra-se de quando você mal conseguia manter os olhos abertos na aula, embora eles ficassem totalmente despertos e alertas durante as horas de prática de esportes exigentes após as aulas? E que dizer daquele pico de energia no princípio de um caso de amor, ou durante uma situação de emprego desafiadora, ou diante da aproximação de um perigo?

O ser humano é o tipo de máquina que se desgasta por *falta* de uso. Existem limites, claro, e precisamos de repouso e relaxamento saudáveis, mas, na maior parte dos casos, ganhamos energia ao utilizá-la. Muitas vezes, o melhor remédio para o cansaço físico são trinta minutos de exercícios aeróbicos. Do mesmo modo, a lassidão mental e espiritual costuma ser curada pela ação decisiva ou pela clara intenção de agir. Aprendemos na física ensinada na escola que a energia cinética se mede em termos de movimento. O mesmo vale para a energia humana: ela passa a existir por intermédio do uso. Não podemos armazená-la. Como costumava dizer Friederich S. (Fritz) Perls, criador da Gestalt: "Não quero ser salvo, quero ser *gasto*". Pode ser que todos tenhamos reservas enormes de energia potencial, em maior quantidade do que poderíamos esperar usar.

Se é assim, por que nos sentimos tantas vezes sugados, incapazes de nos arrastar para realizar a tarefa mais simples? Por que deixamos aquelas mensagens não respondidas, e não consertamos a torneira que está vazando? Por que resistimos aos impulsos mais construtivos e criativos e desperdiçamos nossa melhor energia em um trabalho bobo? Por que ficamos sentados horas a fio em frente à conversa tola da televisão, enquanto abundantes oportunidades da vida passam por nós, despercebidas?

Tudo começa na primeira infância. Observe um bebê de dezoito meses durante umas duas horas. Esse prodígio de energia em miniatura tem um serviço importante (chamem-no de aprendizagem natural, não adulterada), e ele explora, impiedoso, tudo o que existe ao redor e que possa ver, ouvir, provar, cheirar e sentir na execução do serviço. Algumas restrições precisam ser impostas, mas tendemos a impor muito mais do que requer a segurança. Afinal de contas, nós, adultos, já perdemos grande parte de nossa energia e nos exaurimos com facilidade. Por isso podemos dizer: "Por que você não fica quieto?", ou: "Não consigo suportar esse falatório nem por mais um segundo". Podemos tentar proferir ordens enfurecidas, restrição física ou – Deus nos ajude! – um castigo físico. O mais provável é prosseguirmos com o processo de aprendizagem postando o aprendiz diante das telas do celular, não importa o que ele esteja transmitindo. Pronto! Assim está melhor! Agora o garoto está tão letárgico quanto nós.

Na escola, recebemos notícias piores ainda: aprender é chato. Só existe uma resposta certa para cada pergunta, e é melhor aprendê-la sentado, quietinho, assistindo passivamente, sem fazer *nada*. A estrutura convencional da sala de aula, em que 20 a 35 garotos são obrigados a fazer a mesma coisa ao mesmo tempo, torna quase impossíveis a iniciativa e a exploração individual. O espaço, sem dúvida, é pequeno para a alegre exuberância que acompanha tanta energia. Johnny, de 6 anos, quer cantar uma música para os colegas. "Agora não, Johnny. Temos trabalho para fazer." Ou pior: "Não seja *bobo*, Johnny". A voz da professora ainda ressoa no subconsciente do Johnny quarentão toda vez que ele se sente tentado a ser espontâneo.

Com uma ineficiência enlouquecedora, a educação convencional consegue enfim ensinar os alunos a ler, escrever, contar e conhecer uma mistura superficial de fatos, mas as palavras de ordem são, com demasiada frequência, *não faça, não* e *errado*. A aprendizagem fundamental é negativa. "Na realidade, é quase um milagre", escreveu Albert Einstein, "que os métodos modernos de instrução não tenham ainda estrangulado inteiramente a sagrada curiosidade da indagação [...]. Constitui grave erro pensar que o deleite de ver e procurar pode ser promovido pela coerção e pelo senso do dever."

Mas não é apenas a escola. Grupos de companheiros, em todos os estágios da vida, exercem uma influência niveladora. Aprecia-se a conformidade.

A energia vigorosa é temida como ameaça à conformidade. O que, de fato, ela é com frequência. Há algo de assustador no descontrole da energia humana. O psicopata, por exemplo, é um indivíduo que não conseguiu interiorizar as restrições da sociedade. Possuindo, às vezes, um encanto e um poder de persuasão incomuns, carecendo sempre de consciência e remorso, ele é capaz de dirigir doses aparentemente sobre-humanas de energia para seu objetivo, que tende a ser de curto prazo e egoísta.

Essa energia sombria nos aterroriza e fascina. Vemo-nos surpreendentemente atraídos pelo homem de chapéu preto, por vilões e patifes de todos os tipos, precisamente porque expressam de maneira tão espalhafatosa o que sequer reconhecemos em nós mesmos. E vejam as notícias diárias, os pregadores vigaristas, os gurus de araque, os financistas gatunos, os sinistros organizadores de exércitos e os traficantes de armas – todos destituídos de escrúpulos e transbordantes de paixão. Temos razão de olhar com cautela para a personalidade impulsiva, para o entusiasta. Não admira que a sociedade queira nos "socializar", suprimir nossa energia.

Esse é o lado inferior, mas há também a legião de pessoas ponderadas e responsáveis que, de certo modo, conservaram sua energia natural e sabem colocá-la em ação em seu e em nosso benefício. A energia que manifestam está, em larga extensão, ao alcance de todos. Se pudéssemos tirar dez por cento adicionais dessa vasta reserva, nossa vida seria alterada de modo significativo. Eis como começar.

1. *Mantenha a aptidão física*. Todos conhecemos pessoas fisicamente aptas que ficam sentadas em torno de uma pilha de papéis o dia inteiro. E conhecemos também os demônios da energia que confessam que, quando a necessidade de se exercitar os assalta, eles apenas se deitam até que ela vá embora. Mas, admitindo que as coisas estejam equilibradas, a aptidão física contribui enormemente para a energia em todos os aspectos da vida. Podemos também supor que, admitindo mais uma vez o equilíbrio das coisas, as pessoas que se sentem bem consigo mesmas, que estão em contato com a natureza e seus corpos muito provavelmente empregarão melhor a energia para o bem deste planeta e do seu povo do que as que levam vidas sedentárias ou insalubres.

2. *Reconheça o negativo e acentue o positivo*. O poder do pensamento positivo anima tudo, desde o livro

homônimo do pregador popular Norman Vincent Peale até a psicologia de Skinner e os mais novos seminários de treinamento voltados para administradores. O otimismo é ceifado sistematicamente por intelectuais e pelos que se proclamam jornalistas e críticos "realistas", mas inúmeros estudos mostram que as pessoas que têm um ponto de vista positivo em relação à vida padecem muito menos de doenças do que as que veem o mundo em termos negativos.

Elas também têm mais energia.

Tom Peters, autor de *Vencendo a Crise*, e talvez o principal consultor do país sobre administração, fala de uma "semelhança de linguagem quase espectral" entre os administradores das mais prósperas companhias da América. Para um homem e uma mulher, eles frisam o valor da atitude positiva e a eficácia do elogio e de outras formas de retroalimentação positiva. "Os administradores mais bem-sucedidos", contou-me Peters, "são os que não estão dispostos a tolerar a negatividade." Peters menciona as descobertas de um estudo segundo o qual pessoas muito bem-sucedidas tinham tido "um nível irritantemente alto de elogios vertidos sobre elas desde a infância – elogios que chegavam a constranger o elogiado. Ao que parece, é difícil exceder os limites nesse caso".

É possível ser positivo *demais*? Só se você negar a existência de fatores negativos, de situações em sua vida e no mundo em geral que precisam de correção. Algumas filosofias orientais, assim como certas religiões e quase religiões ocidentais, fazem exatamente isso. Sua insistência em que os males e infortúnios nada mais são do que ilusões conforta o convertido, mas, não raro, conduz a uma negação nociva da realidade pessoal e a uma insensibilidade em relação às injustiças do mundo. Quase sempre, a negação inibe a energia, ao passo que o reconhecimento realista da verdade a libera.

Mesmo golpes sérios desferidos pela vida podem lhe fornecer energia extra, arrancando-o do centro inerte, sacudindo-o de sua letargia – algo que não acontece *se você negar que os golpes são reais*. O fato de reconhecer a negatividade não significa ficar choramingando, mas enfrentar a verdade e seguir seu caminho. A simples descrição, para um amigo, do que vai mal na sua vida provavelmente vai fazê-lo se sentir melhor e com mais energia.

Depois que tiver lidado com a negatividade, estará livre para se concentrar no melhor de si mesmo. Sempre que for possível, evite professores e supervisores muito críticos em relação ao que é negativo. O fato de dizerem às pessoas o que estão fazendo errado e, ao mesmo tempo, não tomarem conhecimento do que estão fazendo certo reduz a energia delas. Quando chegar a sua vez de ensinar, supervisionar ou aconselhar, tente a seguinte abordagem: "Isto é o que me agrada no que está fazendo, e este é o jeito com que poderá aperfeiçoá-lo".

3. *Tente dizer a verdade.* "Nada transmite mais energia a uma empresa do que as pessoas começarem a dizer a verdade umas às outras", afirmou o dr. Will Schutz, que popularizou os grupos de encontro em que só se dizia a verdade, na década de 1960, tornando-se consultor empresarial. "Um dos primeiros resultados que conseguimos depois de nossas sessões com executivos de empresas foi tornar suas reuniões mais curtas do que antes. Uma companhia relatou que as antigas reuniões de uma hora e meia levam agora vinte minutos. 'Dizemos apenas o que queremos dizer. Já não precisamos perder tempo e energia *não* dizendo coisa alguma.' Mentiras e segredos são um veneno nas organizações – a energia das pessoas se desgasta ao enganar, esconder e ficar se lembrando da pessoa para quem não desejam dizer alguma coisa. Quando começamos a dizer a verdade, vemos reduções quase imediatas dos erros e aumento na produtividade."

Dizer a verdade funciona melhor quando envolve a revelação dos próprios sentimentos, e não quando isso é usado para insultar os outros e conseguir que tudo seja feito à sua maneira. Em suma, há muita coisa a seu favor – o risco, o desafio, a emoção e a liberação de toda essa energia.

4. *Respeite seu lado sombrio, mas não lhe faça as vontades.* Deus sabe quanta energia temos encerrada na parte submersa de nossa personalidade, que Carl Jung denomina sombra. O poeta e contador de histórias Robert Bly imprime nova direção às ideias de Jung no livro

A Little Book on the Human Shadow. A criança pequena, diz-nos Bly, pode ser visualizada como uma bola viva de energia que se irradia em todas as direções. Mas os pais não gostam de certas partes da bola. E, para conservar o amor deles, a criança coloca as partes de que eles não gostam em uma sacola invisível, que ela arrasta atrás de si. "Na ocasião em que vamos à escola", escreve Bly, "a sacola já está bem grande. Aí, então, chega a vez dos professores: 'Crianças boazinhas não ficam zangadas com essas coisas bobas'. Assim, pegamos nossa raiva e a colocamos na sacola." Ao chegar aos 20 anos de idade, afirma ele, só resta uma fatiazinha muito fina de toda a nossa energia.

Mas a energia que conservamos escondida ainda pode estar à disposição. E o fato de colocarmos para trabalhar as partes censuradas de nossa personalidade não quer dizer que satisfaremos nossos desejos e representaremos literalmente o papel dessa parte submersa. A raiva, por exemplo, contém grande dose de energia. Se a reprimirmos, com tanta eficácia a ponto de não podermos sequer senti-la, é evidente que não poderemos usar a energia que a acompanha de nenhum modo consciente e construtivo. Mas, se tirarmos a raiva de dentro da sacola a fim de satisfazê-la, se deixarmos que ela se torne uma resposta do tipo reflexo involuntário, dissiparemos seu considerável poder. Há momentos em que convém expressar a raiva, mas há também a possibilidade de tomar a fervilhante energia da indignação, ou mesmo da raiva, e fazê-la trabalhar em prol de propósitos positivos. Em outras palavras, quando você sente sua raiva subir, pode decidir trabalhar com fúria em seu projeto favorito ou transmutar a energia que existe sob a cólera em um combustível que você empregará na viagem da maestria.

Desfrutaremos um mundo muito mais repleto de energia quando a sociedade deixar de nos forçar a pôr tanta coisa de nós mesmos na sacola invisível. Enquanto isso não acontece, notemos que os prodígios de energia que admiramos são precisamente as pessoas que sabem usar a energia flamejante que emana do que se chama lado sombrio.

5. Estabeleça prioridades. Antes de poder usar sua energia potencial, você terá de decidir o que vai fazer com ela. E, ao se decidir por determinada opção, vai enfrentar um fato monstruoso: para poder se mover em uma direção, terá de renunciar a todas as outras. Escolher um objetivo é abrir mão de um grande número de outros objetivos possíveis. Um amigo meu, que tem 29 anos e ainda procura uma causa para defender, um propósito na vida, disse: "Nossa geração foi educada com a ideia de manter as opções em aberto. Mas, se você mantiver todas as opções em aberto, não poderá realizar nada". É um problema: como pode uma única opção, uma única meta, competir com as possibilidades contidas em todas as outras?

Essa equação perturbadora aplica-se a tudo, desde as metas de sua vida até o que você vai fazer nos próximos dez minutos. Você precisa arrumar aquele armário bagunçado, começar a ler aquele livro novo ou enviar aquela mensagem? Um estilo de vida opulento, voltado para o consumo, multiplica as opções que você agora enfrenta. A internet torna as coisas ainda mais complicadas. Oferecendo-lhe possibilidades infinitas, tenta-o a não se decidir por nenhuma delas, a permanecer sentado em um assombro sem fim, a se deixar entorpecer. A indecisão leva à inação, que leva à baixa energia, à depressão, ao desespero.

Por fim, a liberação chega por meio da aceitação dos limites. Não se pode fazer tudo, mas pode-se fazer uma coisa, depois outra, e depois outra. Em termos de energia, é melhor escolher errado do que não escolher. Você precisa começar fazendo uma lista de prioridades – para o dia, a semana, o mês, a vida toda. Comece com modéstia. Relacione tudo o que quer fazer hoje ou amanhã. Estabeleça prioridades dividindo os itens nas categorias A, B e C. Execute, pelo menos, os itens da categoria A. Tente fazer a mesma coisa com os objetivos de longo prazo. As prioridades mudam, e você também poderá mudá-las a qualquer momento, mas o simples fato de refletir sobre suas ações acrescenta clareza à sua vida, e clareza cria energia.

6. Assuma compromissos. Aja. A jornada da maestria, afinal de contas, é destituída de metas; você inicia a jornada por amor à própria jornada. Mas, como já tive ocasião de assinalar, existem metas provisórias ao longo do caminho, a primeira das quais sendo tão somente dar início à jornada. E não há nada tão imediatamente energizante em qualquer jornada quanto a meta intermediária de um severo e firme prazo final – como sabe muito bem quem quer que tenha enfrentado uma cortina na noite de estreia, a data próxima do fechamento de um negócio, ou o momento definitivo de entrega de um artigo ou livro. Em nossa escola de *aikido*, fixamos quatro vezes por ano, em um quadro, um aviso que pede aos alunos qualificados que se inscrevam para fazer exames de qualificação. Alguns se inscrevem de imediato, ao passo que outros esperam até faltarem poucos dias para o exame. É instrutivo observar o surto imediato de clareza e energia, durante o treinamento, que advém do simples fato de escrever o próprio nome em um aviso desses. Os que adiam a inscrição sofrem por ter menos tempo para desfrutar a energia que flui do compromisso assumido.

A dádiva de uma data final imposta de fora nem sempre está ao nosso alcance. Às vezes, é você quem estabelece a sua. Mas precisa levá-la a sério. Um modo de fazê-lo é torná-la pública. Conte às pessoas que são importantes em sua vida. Quanto mais firme for o prazo final, tanto mais difícil será rompê-lo, e maior será a energia que ele lhe conferirá. Acima de tudo o mais, movimente-se e continue a se movimentar. Mas não faça nada de forma aleatória. Reserve um tempo para um planejamento sábio, mas não um tempo muito longo. "Sempre que você puder fazer, ou sonhar que pode – comece", escreveu Goethe. "A ousadia tem em si a genialidade, a força e a magia."

7. *Ingresse no caminho da maestria e permaneça nele*. Durante o longo trajeto, não há nada igual ao caminho da maestria para conduzi-lo a uma vida ativa. A prática regular não só traz à tona a energia mas também a doma. Sem o sustentáculo firme da prática, os prazos finais podem produzir violentas oscilações entre a atividade frenética e o colapso. Na jornada do mestre, você aprende a colocar as coisas em perspectiva, a manter o fluxo de energia em funcionamento, não só nos momentos de baixa, mas também nos momentos de alta. Aprende ainda que não pode armazenar energia, que não a aumenta se deixar de usá-la. Um repouso adequado, claro, faz parte da jornada do mestre, mas, desacompanhado de uma ação positiva, só poderá deprimi-lo.

É possível, na verdade, que muito da depressão e do descontentamento do mundo, e talvez até boa porção do mal-estar que se difunde, que leva ao crime e à guerra, remonte, em última análise, à energia não usada, ao potencial não aproveitado. As pessoas cuja energia flui não precisam ingerir drogas, cometer crimes ou ir para a guerra a fim de se sentirem plenamente despertos e vivos. Há trabalho construtivo e criativo suficiente para todos, com muita coisa sobrando. Todos nós podemos aumentar nossa energia, começando agora mesmo.

CAPÍTULO 12

Ciladas ao Longo do Caminho

É fácil ingressar no caminho da maestria. O verdadeiro desafio está em permanecer nele. O viajante mais dedicado encontrará ciladas e recompensas ao longo da trilha. É provável que você não consiga evitar todas elas, mas saber que estão lá sempre ajuda. Eis treze ciladas que você poderá encontrar enquanto empreende a sua jornada.

1. *Estilo de vida conflitante*. O caminho da maestria não existe no vácuo. Desenrola-se por um cenário de outras obrigações, prazeres, relações. O viajante cujo caminho da maestria coincide com sua carreira e seu sustento é um felizardo; outros precisam encontrar espaço e tempo, fora das horas de trabalho regular, para executar a prática preferida, que traz maestria, mas não os meios de subsistência. O truque aqui é ser realista: você será realmente capaz de equilibrar o emprego e seu caminho? Não se desespere; todos temos grandes reservas

de energia não usada (veja o Capítulo 11). Quanto à questão do tempo, que tal aquelas seis horas por dia (média global) gastas vendo televisão? Há também a questão da família e dos amigos. Você tem o apoio deles para o que está fazendo? Sobretudo, tem o apoio de seu companheiro ou companheira? "Nunca se case com uma pessoa", diz aos pacientes o psicólogo Nathaniel Brandon, "que não seja amiga do seu entusiasmo." Quando as coisas não vão bem no caminho da maestria, o mais importante é não deixar de verificar o restante da sua vida. Depois, considere a possibilidade de que o restante de sua vida pode ser vivenciado em termos de princípios da maestria.

2. *Fixação obsessiva na meta.* Como chamamos a atenção para o fato numerosas vezes neste livro, o desejo de resultados rápidos, seguros e altamente visíveis da maioria das pessoas talvez seja o mais mortal inimigo da maestria. É muito bom ter objetivos ambiciosos, mas a melhor maneira de alcançá-los consiste em cultivar expectativas modestas em cada etapa ao longo do caminho. Em outras palavras, ao escalar uma montanha, tenha consciência de que o cume está à sua frente, mas não fique olhando para ele. Mantenha os olhos no caminho. E, quando chegar ao cume da montanha, conforme diz o provérbio zen, continue a escalar.

3. *Instrução deficiente.* Você já deve ter lido a respeito da boa instrução e da maneira de reconhecer a má instrução (veja o Capítulo 5). Vamos repassar alguns pontos:

entregue-se ao professor, mas apenas como professor, não como guru. Não pule de um professor para outro, mas não se apegue só por inércia a uma situação que não está dando certo. E lembre-se: a responsabilidade final por conseguir uma boa instrução não é do professor, e sim de você mesmo.

4. *Falta de competitividade*. A competição dá gosto tanto à vida quanto aos esportes; e é só quando esse gosto passa a ser a essência da dieta que o jogador fica enjoado. Competição proporciona motivação. Ajuda também a manter unidos os participantes de jogos e outros empreendimentos; para competir com alguém, você terá de concordar em correr na mesma raia. Faça da competição uma oportunidade para aprimorar suas habilidades, obtidas a tanto custo, até deixá-las bem aguçadas. Se não competir com sinceridade, com vontade de ganhar, estará rebaixando o jogo e insultando o oponente. A vitória é um elemento essencial da jornada, embora não seja o único. Vencer com graça e perder com a mesma graça são as marcas do mestre.

5. *Supercompetitividade*. O aspirante a mestre que só pensa em vencer acabará derrotado no decorrer do tempo. A afirmação "vencer não é tudo, é a única coisa" representa um dos maiores equívocos. Reflita sobre isto: se vencer é a *única* coisa, a prática, a disciplina, o condicionamento e o caráter *nada* são. Diz-se que vencer é um hábito – mas perder também é. O critério do "número um", com a supercompetitividade que o acompanha,

cria muito mais perdedores do que vencedores. Quem sabe quantos prováveis ganhadores de medalhas olímpicas se afastaram dos esportes por causa dos treinadores das ligas juvenis, segundo os quais a finalidade da vida reside em vencer a escola do outro lado da cidade, pouco importando o modo com que você disputa a partida, contanto que a vença.

6. *Preguiça*. A preguiça pode ser analisada em termos psiquiátricos – como resistência e dependência –, mas talvez seja mais útil ir diretamente à própria palavra "preguiçoso", que se define como "aquele que não tem inclinação para a ação ou o esforço; avesso ao trabalho, indolente; ocioso". A má notícia é que a preguiça o afastará do caminho. A boa notícia é que o caminho é a melhor cura possível para a preguiça. Coragem.

7. *Danos*. Se o seu caminho é físico, e se você se parece com quase todos nós, é provável que sofra danos em algum ponto do caminho. Danos de menor importância provêm de percalços de território. Mas há também danos sérios, que poderão tirá-lo do caminho temporária ou até permanentemente. A não ser nos esportes que implicam luta corporal, é provável que a maioria dos danos sérios possa ser evitada. As pessoas se machucam em virtude da obsessão quanto à meta, porque dão um passo além de si mesmas, porque perdem a consciência do que está acontecendo no próprio corpo, aqui e agora. A melhor maneira de atingir a meta é estar plenamente presente. A ultrapassagem de limites anteriores supõe negociações

com o corpo, sem deixar de tomar conhecimento nem fazer pouco-caso de suas mensagens. Negociação envolve percepção. Evitar danos sérios é menos uma questão de cautela, e mais de consciência. Tudo isso vale também, até certo ponto, tanto para os danos mentais e emocionais quanto para os físicos.

8. *Drogas*. As drogas podem lhe dar a ilusão de provar o sucesso imediato que nossa cultura promete sempre. Os viajantes que percorrem o caminho rápido usam drogas para vivenciar momentos de avanço ascendente, sem perder tempo com a fase de estagnação. A princípio, isso parece dar certo, mas o uso constante conduz, inevitavelmente, ao desastre. Se você anda metido com drogas, não está no caminho da maestria.

9. *Prêmios e medalhas*. O uso excessivo de motivação externa retarda e até detém a jornada para a maestria. Estudos demonstram que, se você recompensar alunos do ensino infantil dando-lhes estrelas de ouro, a princípio você otimizará o aprendizado, mas o nível de progresso deles logo cairá, mesmo que você aumente o número de estrelas. Quando você para de distribuí-las, o avanço deles regride para um nível inferior ao dos grupos de crianças em igualdade de condições, mas que não receberam estrelas. Um relatório sobre os limites fisiológicos da velocidade em corridas mostra que o principal fator a interromper o aumento da velocidade de um campeão é bater um recorde ou ganhar uma medalha importante. "Os campeões só

param em determinada velocidade quando batem um recorde", escreveram Henry W. Ryder, Harry Jay Carr e Paul Herget na edição de junho de 1976 da *Scientific American*. "Campeões bem-sucedidos fazem a mesma coisa. Encaixam em sua vida profissional relativamente breve todas as vitórias dos grandes corredores do passado e depois param com uma medalha de ouro, exatamente como fizeram os predecessores. Visto ser a medalha, e não a velocidade, o que os detém, a velocidade que atingem não pode ser considerada, de maneira alguma, o derradeiro limite fisiológico." Talvez nunca saibamos até onde vai esse caminho, e quanto um ser humano pode de fato atingir, enquanto não compreendermos que a recompensa final não é uma medalha de ouro, mas o próprio caminho.

10. Vaidade. É possível que uma das razões por que você enveredou pelo caminho da maestria tenha sido parecer importante. Mas, para aprender qualquer coisa nova de alguma importância, é preciso estar disposto a parecer um bobo. Mesmo depois de anos de prática, você ainda sofre fracassos humilhantes. Quando um candidato a "craque" avalia mal uma bola e cai sentado no chão, ele o fará à vista de milhões de pessoas. Você deve estar disposto a fazer isso diante do seu professor e de alguns poucos amigos e colegas. Se estiver sempre pensando nas aparências, nunca atingirá o estado de concentração necessário ao aprendizado efetivo e ao desempenho perfeito.

11. Seriedade absoluta. Sem risos, os lugares difíceis e rochosos do caminho podem ser tão penosos que se tornam insuportáveis. O humor não só torna leve o seu fardo, mas também amplia sua perspectiva. Manter-se sempre sério é o mesmo que só ser capaz de olhar para a frente. A capacidade de rir de si próprio desanuvia a visão. Quando estiver escolhendo os companheiros de viagem, tenha cautela com a severidade, a autoimportância e opiniões solenes.

12. Inconsistência. A consistência na prática é a marca do mestre. A continuidade do tempo e do lugar (do modo como for possível) estabelece um ritmo que o mantém na ativa e o impele para a frente. Vale a pena até repetir os rituais favoritos antes, durante e depois da prática. O psicólogo Mihaly Csikszentmihalyi, que estudou um estado de concentração feliz chamado "fluxo", assinala que alguns cirurgiões lavam as mãos e vestem suas roupas cirúrgicas precisamente da mesma maneira antes de cada operação, aliviando a mente de preocupações externas e concentrando a atenção inteiramente na tarefa que tem em mãos. A inconsistência não só desperdiça seu tempo de prática, mas também torna tudo mais difícil quando você encontra tempo para praticar. Mas, se acontecer de você perder algumas sessões, não use isso como desculpa para abandonar a prática por completo. O caminho da maestria dá muitas voltas e exige certa flexibilidade de estratégia e ação. A consistência é essencial, mas uma consistência tola, como nos diz Ralph Waldo Emerson, "é o fantasma das pequenas mentes".

13. *Perfeccionismo*. De certo modo, é uma pena que a tecnologia tenha trazido tantos desempenhos magistrais para dentro de nossa casa. "Vinte e quatro horas com as principais orquestras mundiais" é o que me promete a temporada local de música clássica. E essas execuções não só são meticulosamente ensaiadas, como também gravadas repetidas vezes, com os melhores trechos reunidos uns aos outros, e toda a gravação editada eletronicamente. Exposições itinerantes trazem obras de Van Gogh, Degas, Gauguin e Manet aos nossos museus locais. E nos meios de comunicação, entre eles a televisão, podemos ver os principais atletas, dançarinos, patinadores no gelo, cantores, atores, comediantes e sábios do mundo, que nos dão o que têm de melhor. Diante disso, como poderemos ainda falar em maestria? Existem também os que, dentre nós, são tão somente críticos de si mesmos. Ainda que não nos comparemos aos melhores do mundo, fixamos padrões tão elevados para nós que nunca poderemos, como ninguém poderá, mostrar-nos à altura deles – e nada é mais destrutivo para a criatividade do que isso. Não chegamos a compreender que a maestria não visa a perfeição. Visa um processo, uma jornada. O mestre é o que fica no caminho, dia após dia, ano após ano. O mestre é o que está disposto a tentar, a falhar e a tentar outra vez, durante toda a vida.

CAPÍTULO 13

Para Dominar o Lugar-Comum

Nossa preocupação com metas e resultados, além do imediatismo, nos separaram de nossas próprias experiências. Para dizer de forma mais enfática: roubaram-nos incontáveis horas de vida. Despertamos pela manhã e temos pressa de nos vestir. (O ato de nos vestir não conta.) Saímos correndo para tomar café a fim de ir para o trabalho. (Tomar o café não conta.) Corremos para chegar ao trabalho. (Chegar ao trabalho não conta.) Talvez o trabalho seja interessante e satisfatório, e não precisemos apenas suportá-lo enquanto esperamos pela hora do almoço. E talvez o almoço nos traga um encontro caloroso, íntimo, com uma conversação fascinante. Mas talvez não.

Seja como for, há todas as tarefas que a maioria de nós não pode evitar: limpar, arrumar, varrer as folhas que caíram das árvores, ir ao supermercado, levar as crianças de automóvel para várias atividades, preparar a comida, lavar a louça, lavar o carro, ir para o trabalho, executar os aspectos rotineiros e repetitivos de nossa função. Esse é o "tempo entre as horas de prática", as coisas com que temos de lidar antes de nos lançar ao que importa. Mas, se parar para pensar nisso, verá que a maior parte da sua vida situa-se "entre as horas de prática". Quando a concentração nas metas domina os nossos pensamentos, pouco resta do que parece realmente importar. Durante o ano incomum sem *playoffs*, o tempo real de jogo para um time da Liga Nacional de Futebol é dezesseis horas. Isso acaso significa, para os jogadores, que as outras 8.744 horas do ano se situam "entre as horas de prática"? O tempo todo só tem significado em função do produto, do objetivo final? E se *só* a vitória, como diz o ditado, interessa, isso significa que mesmo o valor das horas de clímax depende exclusivamente da vitória?

Há outra maneira de pensar nisso. A prática do zen é quase toda organizada em torno de períodos em que a pessoa se senta para meditar e de períodos em que ela entoa seus cânticos. Entretanto, todo mestre zen lhe dirá que erguer um muro de pedra ou lavar pratos não difere, em essência, da meditação formal. A qualidade da prática do estudante de zen se define tanto pelo modo como ele varre o quintal quanto pelo modo como permanece sentado em meditação. Poderíamos aplicar esse modo de pensar a situações menos esotéricas? Poderíamos todos nós tentar reaver as horas perdidas de vida fazendo com que tudo – tanto o lugar-comum quanto o extraordinário – se torne parte de nossa prática?

A arte de dirigir um carro

Tome-se o ato de dirigir, por exemplo. Digamos que você precise dirigir por dezesseis quilômetros para visitar um amigo.

Você pode pensar nessa viagem como uma espécie de intervalo entre dois períodos de prática, como algo que deve ser resolvido logo. Ou pode considerá-la uma oportunidade de praticar a maestria. Nesse caso, você aborda o automóvel em um estado de plena percepção, consciente da hora do dia, da temperatura, da velocidade e da direção do vento, bem como do ângulo do sol, da presença de chuva, neve ou granizo. Deixe essa percepção estender-se à sua própria condição mental, física e emocional. Ande por um momento ao redor do carro e verifique a situação exterior dele, sobretudo a dos pneus. Certifique-se de que o para-brisa e as janelas estão limpos o bastante, e se proporcionarão boa visibilidade. Verifique o nível de óleo e de outros fluidos, se já estiver na hora de fazê-lo.

Abra a porta, sente-se no assento do motorista e execute a seguinte série de ações como se fosse um ritual: afivele o cinto de segurança e ajuste o assento e o espelho retrovisor; confira a pressão do pedal do freio e a posição do volante. Em seguida, antes de dar partida no motor, relaxe e respire fundo. Proceda com o devido cuidado à liberação da tensão do pescoço, dos ombros e do abdômen. Incline-se para trás, de forma que as costas mantenham um firme contato com o banco, como se você estivesse *se afundando* nele. Tenha consciência da pressão das suas nádegas e pernas sobre o assento; sinta-se fundir-se ao banco, identificando-se com o carro todo.

Ligue o motor e preste muita atenção aos seus ruídos e vibrações. Dê uma espiada em todos os marcadores;

certifique-se de que há combustível em quantidade suficiente. Tenha em mente todos os problemas que o carro lhe tem acarretado recentemente e pense em como isso poderia influenciar seu passeio. Quando o carro começar a se movimentar, faça uma afirmação silenciosa de que assumirá total responsabilidade pelo espaço ao redor do veículo, em todos os momentos – na frente, nas laterais e atrás –, e que, na medida do possível, guiará de modo a evitar um acidente, não importa o que os outros automóveis possam fazer.

Embora seja curta, essa viagem lhe oferecerá inúmeras oportunidades de praticar a maestria. Inclinamo-nos a subestimar o ato de dirigir um veículo como habilidade apenas por ser algo tão comum. Na realidade, porém, guiar um carro em diferentes condições de tempo, de tráfego e da condição das vias públicas exige um nível extremamente alto de percepção, concentração, coordenação e discernimento. Nos anos 1960, na UCLA, a Universidade da Califórnia em Los Angeles, pesquisadores do cérebro avaliaram a atividade das ondas cerebrais de candidatos a astronauta praticando um pouso na Lua em um simulador, e também dirigindo um carro em uma autoestrada de Los Angeles. Como se verificou, dirigir na autoestrada exigiu mais atividade cerebral.

Estas são algumas das habilidades particularmente apuradas oferecidas a todo motorista: antecipar os movimentos possíveis de todos os carros no seu campo de ação; entrar em uma curva na velocidade correta, acelerando um pouco ao fazer o contorno; frear com suavidade, dando uma sensação de continuidade, em vez de se precipitar atrás de outro carro e acionar os freios com violência; engatar as marchas, operando a mudança em perfeita sincronia; mudar de pista numa autoestrada cheia de automóveis sem incomodar outros motoristas; lidar graciosamente com o inesperado.

Dirigir um automóvel pode ser uma arte finamente equilibrada entre longos períodos de uma aparente rotina e breves momentos de um desafio amedrontador, com a possibilidade de ferimento ou morte à espera na próxima curva. Essas considerações dão mais peso à necessidade da maestria ao dirigir. Mas a prática de habilidades bem mais humildes também pode tirar proveito da aplicação dos princípios da maestria.

Ritmo doméstico

Tomemos lavar louça como exemplo. Você pode executar essa tarefa de forma apressada e fortuita, com o objetivo principal de deixá-la para trás o mais rápido possível. Ou pode executá-la como se fosse uma meditação, uma dança. Se se decidir por essa opção, reserve um momento para se recompor antes de começar. Equilibre-se e concentre-se (veja o Capítulo 14). Decida-se a respeito da sequência geral do trabalho e depois comece. Mantenha plena consciência de cada movimento. Ainda que suas mãos tenham um envolvimento mais direto, preste atenção ao restante do corpo, especialmente aos pés, ao abdômen, aos ombros e às costas. Imagine que todos os seus movimentos emanam do centro do seu corpo, cerca de três centímetros abaixo do umbigo. Procure dar aos seus movimentos eficiência, elegância e graça, evitando atalhos apressados. Em lugar de pensar em liquidar a tarefa e passar para outra coisa, esteja inteiramente concentrado no momento, na tarefa que lhe coube. Acima de tudo, não se apresse. Você descobrirá que, não se apressando, acabará de lavar a louça com mais rapidez do que comumente seria o caso. E é muito provável que se sinta melhor quando estiver tudo terminado.

A vida está repleta de oportunidades para praticar o ritmo inexorável e cadenciado da maestria, que focaliza o processo em vez de se concentrar no produto, e que, paradoxalmente, acaba muitas vezes criando mais e melhores produtos em um tempo mais curto do que o faria o ritmo apressado, excessivamente voltado a metas, que se tornou padrão em nossa sociedade. Para tornar esse ritmo um hábito, é preciso prática. O aspirador de pó representa um professor particularmente diabólico em busca da maestria do lugar-comum. O tubo do aspirador, que parece uma serpente, e o fio comprido que se liga à tomada parecem desenhados especificamente para se enroscar em todo objeto disponível no aposento. A caixa do aparelho parece obstinada a colidir com cada uma das peças do mobiliário. O acessório encaixado ao tubo do aspirador dá sempre a impressão de ser o errado para executar a tarefa seguinte. O fio de força está sempre alcançando o limite e precisa ser recolocado na tomada nos momentos mais inconvenientes.

Aqueles dentre vocês que conseguiram evitar o uso do aspirador de pó não sabem o que estão perdendo: tarefa pesada, sim, mas também uma ótima oportunidade – não menos difícil do que arrumar seus livros, ou organizar as notas de rodapé da sua dissertação, ou corrigir um ponto fraco no movimento da sua tacada de golfe – de praticar algumas das habilidades que serão necessárias no caminho da maestria. Quem é capaz de passar o aspirador de pó na casa inteira sem perder a compostura, permanecendo equilibrado, centrado e concentrado no processo, em vez de se apressar, impaciente, para terminar logo a tarefa, já sabe alguma coisa a respeito da maestria.

O desafio dos relacionamentos

No âmbito da experiência pessoal, a vida é inconsútil, apesar dos esforços incansáveis da sociedade para dividi-la em compartimentos. A maneira como andamos, falamos com nossos filhos e praticamos sexo tem uma relação importante com o modo como esquiamos, estudamos para seguir uma profissão ou trabalhamos. É realmente estranho, quando paramos para pensar no assunto, constatar que estamos, às vezes, dispostos a dar toda a atenção ao aprimoramento do nosso jogo de tênis, enquanto deixamos ao acaso certas "banalidades", como os relacionamentos.

A verdade é que, se você tem de trabalhar em um esporte a fim de conseguir maestria nele, também tem de trabalhar, e em geral até com mais diligência, para conseguir maestria nas relações. Em ambos haverá altos e baixos e longos períodos de estagnação. E você acabará descobrindo, em toda área significativa de sua vida, que o aprendizado e o desenvolvimento mais importantes ocorrem durante o tempo que você passa estagnado. Os mesmos princípios que se aplicam aqui aplicam-se às demais coisas. Observe nos parágrafos seguintes, por exemplo, como as cinco chaves da maestria podem ser aplicadas aos relacionamentos.

Instrução. Algumas pessoas torcem o nariz para a ideia de aconselhamento de casais, ou de livros e vídeos a respeito de como tornar os relacionamentos melhores. Não há dúvida de que alguns conselhos são enfadonhos, e de que a linguagem de alguns livros e vídeos provoca náuseas, mas uma relação íntima pode acabar isolando os parceiros do mundo antes que qualquer um deles se dê conta disso, e ninguém consegue resolver o problema sozinho. Se estiver no caminho da maestria, seja nos esportes, seja nas relações, seja em qualquer outra área, é provável que vá procurar, invariavelmente, a melhor orientação disponível, venha ela de onde vier – de seu conselheiro, de um livro ou de um amigo compreensivo e destituído de preconceitos. Mas faça indagações, escolha com cuidado, obtenha recomendações.

Prática. Quem gosta de esportes está disposto a dedicar a ele diversas horas por semana. Casais que se acham no caminho da maestria podem, pelo menos, fazer o mesmo ao reservar um tempo específico só para o relacionamento, longe das crianças, dos amigos, do trabalho e dos entretenimentos habituais. Mas a prática, como vimos, não se limita a isso, e envolve certa constância, a capacidade de encontrar prazer na interminável repetição de atos comuns.

Entrega. A capacidade de se entregar à sua arte é uma marca do mestre, seja ela marcial, seja conjugal. Você será capaz de se desfazer de um padrão ultrapassado de comportamento sem saber com exatidão o que vai substituí-lo? Você se disporá, em certas ocasiões, a ceder totalmente em alguma disputa prolongada visando o crescimento e a mudança no relacionamento? A parte difícil é aprender a perder o ego sem perder o equilíbrio. Quanto mais forte você for, tanto mais dará de si. Quanto mais der de si, mais forte será.

Intencionalidade. Cultivar uma atitude positiva equivale a dar um grande passo no caminho da maestria dos relacionamentos. Além disso, a firmeza mental (capacidade de se concentrar em um problema ou objetivo de longo prazo), combinada à receptividade e à imaginação (capacidade de ver opções e visualizar estados desejados), aplica-se não só às relações mas também aos esportes ou qualquer outra coisa.

O limiar. O caminho da maestria, construído sobre a prática incessante, é também um lugar de aventura. Um casal nesse caminho permanece receptivo às experiências e está disposto – ambos – a disputar novos jogos e a aprender novas danças. Talvez a maior aventura de todas seja a intimidade: a disposição para se despojar de cada camada de resistência, uma atrás da outra, e, em certas ocasiões, viver inteiramente no momento, revelando tudo e nada esperando em troca.

O importante neste capítulo é que os princípios da maestria podem guiá-lo, seja qual for a habilidade que pretenda desenvolver, seja qual for o caminho que decida percorrer. Nas palavras do mestre zen chinês Layman P'ang (c. de 740-808 d.C.):

Meus assuntos diários são bem comuns;
mas estou em total harmonia com eles.
Não me apego a nada, não rejeito nada;
nem um obstáculo, nem um conflito.

Que importam a riqueza e as honras?
Até a coisa mais pobre reluz.
Minha força milagrosa e minha atividade espiritual:
transportar água e cortar lenha.

Para finalizar, nada nesta vida é "lugar-comum", nada existe "entre uma coisa e outra". Os fios que entrelaçam cada um de seus atos, cada um de seus pensamentos, são infinitos. Todos os caminhos da maestria acabam se fundindo uns aos outros.

CAPÍTULO 14

A Preparação da Jornada

Basta de delongas. Já é tempo de arrumar as malas e se pôr a caminho. Talvez você esteja dando início a algo novo, uma jornada a um território de maestria pouco familiar. Talvez tenha decidido, por fim, ingressar nesse caminho com a intenção de obter a maestria em uma velha habilidade, na qual trabalhou com superficialidade, ou que tem sido uma obsessão para você, ou ainda que você subestimou durante meses ou anos. Ou talvez tenha decidido encarar a vida inteira, com o melhor de sua capacidade, como um processo de maestria.

Seja como for, eis uma lista do que terá de levar consigo deste livro, acompanhada de alguns presentes de despedida para sua mochila, a fim de tornar a jornada mais aprazível, e também para usar naquelas ocasiões inevitáveis em que o caminho parece mais íngreme, mais rochoso e mais difícil de percorrer. Dê uma olhada nesses itens quando os puser na mochila de viagem e volte a eles a qualquer momento durante a sua jornada.

As cinco chaves mestras

Como lidar com a mudança e a homeostase

Como conseguir energia para a maestria

Ciladas ao longo do caminho

Vejamos agora alguns poucos presentes de despedida. Os seguintes exercícios para a mente e o corpo foram tirados do Leonard Energy Training (LET) [Treinamento de Energia Leonard (TEL)], disciplina inspirada na minha prática do *aikido*. Esse trabalho já foi apresentado, desde 1973, a milhares de pessoas, que vão desde atletas até executivos de empresas e casais interessados em melhorar seus relacionamentos.

O TEL utiliza o corpo como metáfora para o modo como você trata os problemas da vida cotidiana, e ajuda no aprendizado de como lidar com esses problemas – sejam eles físicos, mentais ou emocionais – de um modo diferente. Pode ser especialmente útil aos que embarcaram na jornada da maestria.

Equilíbrio e centralização. Estar equilibrado significa que o peso do corpo está distribuído de maneira uniforme, à direita e à esquerda, à frente e atrás, da cabeça aos dedos dos pés. Estar centrado significa que a percepção corporal se concentra mais no centro do abdômen do que, digamos, na cabeça ou nos ombros, e que o movimento se inicia a partir desse centro. O ponto importante que se deve ter em mente aqui é que ser equilibrado e centrado do ponto de vista psicológico depende, em grande parte, do fato de ser fisicamente equilibrado e centrado.

Para quase todos nós, ocidentais, mais pesados na parte superior do corpo e mais empreendedores, uma coisa tão simples quanto concentrar a atenção no abdômen pode, às vezes, trazer resultados extraordinários. Durante um momento de crise, por exemplo, o simples fato de você tocar de leve o centro físico (ponto no abdômen localizado três ou cinco centímetros abaixo do umbigo) pode alterar sua atitude e a capacidade de lidar com toda e qualquer situação que tenha de enfrentar de forma significativa. Experimente: fique de pé normalmente e dirija a atenção para o topo do corpo, batendo de leve, por duas vezes, na testa. Depois, faça um parceiro empurrá-lo por trás, apoiando-se nas suas escápulas com força suficiente para desequilibrá-lo e fazê-lo dar um passo à frente. Em seguida, continuando exatamente na mesma posição, dirija a atenção para o seu centro batendo de leve um par de vezes no abdômen, três ou cinco centímetros abaixo do umbigo. A seguir, peça a seu parceiro que o empurre precisamente do mesmo jeito e com a mesma força de antes. A maioria das pessoas descobre que é mais estável quando tem a atenção dirigida para o próprio centro.

Você vai precisar de alguém que leia essas instruções, ao mesmo tempo que uma ou mais pessoas se encarregam de executar todo o processo de equilíbrio e centralização. Leia devagar e com clareza, fazendo pequenas pausas onde houver reticências.

"Fique de pé, com os pés um pouco mais afastados um do outro do que a distância entre os ombros, olhos abertos, joelhos separados e firmes, tronco ereto, braços relaxados ao lado do corpo... Agora, com os dedos da mão direita, toque um ponto situado a três ou cinco centímetros abaixo do umbigo. Pressione-os com firmeza em direção ao centro do abdômen... Deixe então a mão direita pender ao lado do corpo... Respire normalmente. Permita que a respiração desça pelo seu corpo, como se fosse diretamente para o centro dele. Deixe o abdômen se expandir com a respiração que entra, do centro para fora, para a frente, para trás, para os lados e para a base da pélvis...

"Conforme a respiração vai se processando de maneira relaxada, erga os braços à frente, com os punhos inteiramente frouxos. Sacuda as mãos com tanta força que todo o corpo comece a vibrar... Agora deixe os braços penderem lentamente ao lado do corpo. Assim que eles tocarem suas pernas, erga-os bem devagar, à sua frente, exatamente como se estivesse de pé, mergulhado até o pescoço, em uma água salgada e quente, e como se seus braços subissem, flutuando, até chegar à superfície da água. Enquanto os braços sobem, abaixe o corpo, flexionando ligeiramente os joelhos. Deixe as mãos penderem, frouxas, com as palmas viradas para baixo, exatamente como se flutuasse na água salgada. Mantenha o tronco ereto. Quando seus braços alcançarem a horizontal, volte as palmas para a frente, na posição que usaria para empurrar com delicadeza uma bola de praia sobre a superfície da água – com os ombros relaxados. Agora faça os braços deslizarem com rapidez sobre a superfície da água, da esquerda para a direita e da direita para a esquerda, como se pudesse sentir, ou "ver", coisas ao redor através das palmas abertas...

"Sacuda as mãos e repita o processo. Deixe os braços penderem e depois flutuarem de novo. À medida que os braços se erguem, o corpo se abaixa levemente. Joelhos flexionados, tronco ereto. Agora vire as palmas para a frente e mexa os braços de um lado para o outro, como se sentisse o mundo através da palma das mãos...

"Muito bem. Deixe as mãos se abaixarem, mas, desta vez, deixe-as penderem com naturalidade, com descontração... Feche os olhos. Joelhos separados e firmes. Verifique se seu peso está distribuído de modo uniforme entre o pé direito e o esquerdo. Transfira o peso levemente de um lado para o outro, promovendo uma sintonia fina do seu equilíbrio...

Verifique se seu peso está equilibrado uniformemente entre os calcanhares e os dedos dos pés... Joelhos separados e firmes... Conserve os olhos fechados e mude para uma posição mais confortável quando quiser... Movimente a cabeça para a frente e para trás, a fim de descobrir o ponto em que ela se equilibra, ereta, sobre a espinha, com o menor esforço muscular. Aja com sensibilidade, como se buscasse a sintonia fina consigo mesmo.

"Reserve um momento para relaxar o maxilar... a língua... os músculos ao redor dos olhos... a testa, as têmporas, o couro cabeludo... a nuca...

"Agora, com uma inspiração forte, erga e retese os ombros... Ao exalar, deixe-os cair. Eles não estão tombando para a frente, mas se derretendo, como chocolate mole e quente. A cada exalação, deixe que se derretam um pouco mais... Permita que a mesma sensação de derretimento desça pelos braços, até as mãos. Sinta as mãos tornando-se pesadas e quentes... Deixe a sensação de derretimento descer pelas escápulas... pela caixa torácica, pela frente, por trás e pelos lados... até o diafragma... Permita que todos os órgãos internos descansem, relaxem, se suavizem. E agora permita também o relaxamento da região pélvica inferior. Libere toda a tensão. A cada expiração, deixe sair um pouco mais... Deixe que a sensação de derretimento, de relaxamento, desça pelas pernas, indo até os pés... Sinta os pés aquecendo o chão e o chão aquecendo os pés. Sinta o abraço seguro da gravidade, que o prende à terra e prende a terra a você...

"Pense agora na metade posterior do seu corpo. E se você pudesse sentir o que está atrás? Como seria isso? E se tivesse censores ou 'olhos' nas costas?... Na nuca?... Na parte posterior dos joelhos?... Na parte posterior dos calcanhares?... Com os olhos fechados, você pode ter a *sensação* geral do que está atrás de você?...

"Mande agora um raio de percepção por todo o corpo, procurando toda e qualquer área que esteja tensa, rígida ou entorpecida. Ilumine-a, concentre-se nela. Às vezes, a mera percepção se encarrega, sozinha, de resolver esses problemas...

"Mais uma vez, concentre-se na sua respiração... Tenha consciência do ritmo... Agora, em sincronia com a respiração que chega, deixe os olhos se abrirem. Mas não olhe para nada em particular. Apenas deixe o mundo entrar... Com olhos suaves e relaxados, caminhe lentamente, mantendo o estado distendido e equilibrado que conseguiu... Deixe seu centro físico transformar-se em um centro de consciência... Pergunte a si mesmo se as coisas lhe parecem diferentes depois do exercício e se você as sente assim."

Depois que tiver passado algumas vezes pelo processo de equilíbrio e centralização, descobrirá que pode recriá-lo com rapidez – na verdade, em pouco mais de alguns segundos. Tenha em mente o ponto mais importante: o corpo pode ser considerado uma metáfora de tudo o mais. Seus relacionamentos, seu trabalho, suas tarefas, sua vida inteira podem ser centralizados e equilibrados.

Como voltar ao centro. Haverá momentos no caminho, por mais habilidoso e equilibrado que você seja, em que será desviado do centro. Mas não se desespere; pratique tendo em vista essa eventualidade. E, se se mantiver atento, vai ser possível retornar ao estado de equilíbrio e centralização em um nível até mais profundo. Eis duas maneiras de recuperar seu centro.

1. Fique de pé com os olhos fechados; equilibre-se e concentre-se. A seguir, com os joelhos flexionados, incline-se a partir da cintura. Deixe pender os braços na direção do chão. Quando tiver se acostumado a essa posição, endireite-se de repente e abra os olhos imediatamente. Experimente, em toda a sua plenitude, o sentido de desorientação; não lute violentamente para se recompor. Em vez disso, toque seu centro com uma das mãos e fixe-se em um estado de equilíbrio e centralização. Você deve se dar conta do que acontece durante o processo. A condição de estar centrado e equilibrado parece-lhe, de certo modo, mais profunda e poderosa depois de ter estado momentaneamente perdido?

2. Entre no processo de equilíbrio e centralização ficando de pé com os olhos abertos. Deixando-os assim, gire-os várias vezes para a esquerda, depois para a direita – o suficiente para ficar um tanto zonzo. Não exagere. Em seguida, pare de girá-los, toque seu centro e volte ao estado de equilíbrio e centralização com uma percepção potencializada da sola dos pés. Mais uma vez, esteja atento ao que ocorre durante o processo de recuperação do seu centro.

Lembre-se da sensação que lhe proporcionaram estes dois exercícios depois que você foi desviado do centro, física ou psicologicamente.

Como tirar energia de golpes inesperados. Por melhor que você planeje, a vida está fadada a lhe infligir choques súbitos – infortúnios físicos ou psicológicos, que aparecem quando menos se espera. O golpe inesperado pode ir desde a perda de uma joia de estimação até a perda de um ser amado, desde uma demissão até o abandono do parceiro. Às vezes, lutamos às cegas contra os infortúnios, o que só serve para lhes dar ainda mais poder sobre nossa vida. Às vezes, nos revestimos de coragem e negamos a dor e o choque, o que tende a bloquear *todos* os nossos sentimentos e a tornar impossível ganhar algo positivo da experiência. Às vezes perdemos tempo não fazendo outra coisa senão lamentar a má sorte. Eis uma abordagem diferente, um modo de obter energia até do golpe mais sério. Você pode chamar isso de receber o golpe como um presente.

Faça alguém ficar em silêncio atrás de você. Com os olhos abertos, equilibre-se e chegue ao seu centro. Quando estiver pronto, estenda os braços para os lados e mantenha-os assim, em um ângulo de 45 graus. Esse é o sinal para que a pessoa que está atrás de você ande em silêncio e agarre um de seus punhos, com impacto suficiente para assustá-lo; isto é, simulando um golpe inesperado. Não lute contra o golpe nem finja que não se assustou. Em vez disso, tenha plena consciência de como ele o afetou. Descreva-o em voz alta, sendo tão minucioso quanto possível (por exemplo: "Meu coração pareceu prestes a sair pela boca" ou "Meus olhos piscaram e algo parecido com uma corrente elétrica pareceu levantar meu braço esquerdo"). Enquanto o parceiro continua a segurar seu punho com firmeza, prossiga descrevendo suas sensações. Não retenha nada; isso é importante, neste caso e no de golpes verdadeiros, para enfrentar devidamente a situação e vivenciar e reconhecer os sentimentos que ela lhe inspira.

Feito isso, abaixe o corpo, flexionando um pouco os joelhos, e volte ao estado de equilíbrio e centralização, enquanto seu parceiro continua a lhe segurar o punho. Pense na possibilidade da pressão em seu punho acrescentar energia ao seu organismo, e de poder usar essa energia para lidar com sua atual situação, talvez deixando sobrar ainda muita energia. Respire profundamente. Deixe a sensação do despertar e da clareza, disparada pela liberação de adrenalina na corrente sanguínea, correr em liberdade por todo o seu ser. Peça ao seu parceiro que solte o seu punho. Caminhe a passos largos pelo local. Pense na possibilidade de converter em energia positiva qualquer infortúnio súbito com o qual depare durante a jornada.

Introdução ao ki. Chama-se *ki* em japonês, *ch'i* em chinês, *pneuma* em grego, *prana* em sânscrito, e você pode acrescentar "a Força" em *Star Wars*. Segundo a tradição antiga, a palavra vem da ideia de respiração e é considerada a energia fundamental do Universo, a energia que liga todas as coisas e sustenta toda ação criativa. As artes marciais orientais partilham uma fé comum nessa energia. Controlando-lhe o fluxo, de um modo ou de outro, no próprio corpo ou projetando-o na direção de objetos externos, o praticante de uma arte marcial, segundo se supõe, obtém poderes extraordinários. Abundam lendas a respeito de mestres capazes de deter um oponente que está em seu encalço a distância, do meio de uma sala, ou de atirá-lo de pernas para o ar. Os praticantes de karatê geralmente afirmam que o *ki*, mais até do que a força muscular, permite-lhes quebrar tábuas ou blocos de concreto.

Até agora, o *ki* tem sido difícil de avaliar, e os céticos tendem a atribuir seus poderes à sugestão, uma espécie de efeito dinâmico de placebo. Para o pragmático, a distinção carece de importância. Como praticante do *aikido*, arte em que o *ki* desempenha um papel especialmente importante, tenho encontrado, quase sempre, uma vigorosa correlação entre a minha percepção do *ki* pessoal e a eficácia das minhas técnicas (veja a Quarta Chave: Intencionalidade na página 97). A ideia do *ki* pode oferecer à pessoa não treinada uma forma efetiva de obter a sensação de aumento da força, ao lado do relaxamento, sobretudo em momentos de cansaço e estafa, passando, assim, a ser um item útil para você levar na bagagem de sua jornada.

Eis um exercício destinado a demonstrar a força que pode vir da visualização do *ki*. Mas, como o exercício consiste em que o praticante, sentado, se levante, enquanto o parceiro tenta imobilizá-lo, não tente fazê-lo se tiver algum problema nos joelhos, nas costas ou no abdômen.

Sente-se em uma cadeira sem braços, de espaldar reto, com as mãos nos joelhos. Tente erguer-se e ficar de pé várias vezes, observando exatamente como faz isso. Peça agora ao seu parceiro que coloque as mãos sobre seus ombros e faça pressão para baixo. Usando os mesmos movimentos de antes, tente se erguer com a força dos músculos, apesar da pressão das mãos do parceiro. Peça a este que pressione com muita força, a fim de neutralizar seu esforço para se levantar.

Peça agora ao seu parceiro que tire as mãos dos seus ombros. Permanecendo sentado, reserve alguns momentos para relaxar. Deixe esvair toda a tensão existente no peito e nos ombros. Sinta os pés em firme conexão com o chão. Ponha a palma da mão esquerda no abdômen e sinta-o expandir-se a cada inspiração. Ponha a mão esquerda no joelho e continue respirando do mesmo jeito.

Agora imagine uma bola radiante de energia do *ki*, mais ou menos do tamanho de uma laranja, no centro do seu abdômen. Imagine que ela se expande e se contrai a cada respiração. Faça da bola de *ki* o centro da sua atenção. Peça ao seu parceiro que torne a empurrar seus ombros para baixo, com a mesma pressão de antes. Desta vez, não dê a menor atenção à pressão. Presuma que a bola de *ki* lhe fornecerá a força de que precisa para ficar de pé. Mantendo a atenção presa ao *ki* no abdômen, levante-se até ficar na posição ereta, fazendo os mesmos movimentos físicos de antes.

Observe a diferença entre as duas experiências. O fato de o *ki* ser real ou apenas uma ajuda psicológica é talvez menos importante do que os resultados que você obterá. Seja como for, você não *criou* o *ki*. De acordo com as melhores teorias acerca do assunto, o *ki* já estava lá. Ele está em toda parte.

Como relaxar para ganhar poder. A palavra "poder" provém de raízes francesas e latinas, que significam "ser capaz". Na melhor das hipóteses, essa capacidade não se aplica a conseguir domínio sobre outras pessoas, mas à realização do próprio potencial para a maestria. O poder, em todos os casos, é um aliado íntimo do relaxamento. Assim como um músculo tenso perde força, assim também uma atitude rígida, tensa e arrogante acaba falhando.

Comece ficando de pé e estendendo um braço até ficar na posição horizontal diretamente à sua frente. Qualquer braço serve, mas digamos que seja o direito desta vez. A mão deve estar aberta, os dedos separados e o polegar apontando para cima. Peça ao parceiro que se coloque à direita do seu braço e dobre-o na altura do cotovelo, pressionando o punho para cima e o cotovelo para baixo. Não resista. Note que esse exercício envolve a dobradura do braço no cotovelo, e não no ombro.

Agora que seu parceiro efetuou a dobradura do braço sem nenhuma resistência de sua parte, você vai vivenciar duas maneiras radicalmente diferentes de tornar o braço forte e resistente. Depois de cada uma delas, seu parceiro tentará dobrar seu braço na altura do cotovelo, aumentando a força gradualmente. O parceiro não deverá aplicar tanta força que provoque uma luta. Tenha em mente que não se trata de uma competição, mas, antes, de uma comparação entre duas formas diferentes de ser forte. O importante é verificar a quantidade de esforço necessária para manter o braço reto sob pressão.

PRIMEIRO MODO: Mantenha o braço rigidamente reto. Use os músculos para impedir que ele se dobre. Peça ao parceiro que aplique força aos poucos, na tentativa de dobrar seu braço. Ele pode se dobrar ou não. Seja como for, observe quanto esforço você despendeu no processo. Mas o mais importante talvez seja notar como se sente a respeito dessa experiência.

SEGUNDO MODO: Deixe o braço se erguer até a mesma posição horizontal anterior. Desta vez, sinta a vivacidade dele e a energia que flui dos ombros até a ponta dos dedos. Agora visualize ou sinta seu braço como parte de um poderoso feixe de *laser*, que se estende para fora dos seus dedos, passando através das paredes ou de outros objetos à frente, além do horizonte, indo até os confins do universo. Pense no feixe de *laser* como *ki*, se quiser. O braço não está rígido nem tenso. Na verdade, está totalmente relaxado. Lembre-se, porém, de que estar relaxado *não* é estar flácido. O braço está cheio de vida e energia. Se alguém tentasse dobrá-lo, o feixe se tornaria ainda mais poderoso e penetrante, e o braço, sem esforço, também se tornaria mais poderoso.

Peça agora ao seu parceiro que aplique, pouco a pouco, exatamente a mesma força de antes, na tentativa de dobrar seu braço. Observe quanto esforço você exerceu neste caso. Como se sente acerca desta experiência?

A maioria esmagadora das pessoas que tentaram esse exercício acha o segundo modo, o "braço com energia", muito mais poderoso e resistente do que o primeiro, o "braço da resistência". Avaliações eletromiográficas da atividade elétrica dos músculos indicam que este julgamento subjetivo está correto. O braço com energia pode ceder um pouco, mas é muito menos provável que venha a sucumbir à força como o braço da resistência.

As implicações para o desempenho físico são óbvias: o relaxamento é essencial à plena expressão da força. Se tomarmos o corpo como metáfora de tudo o mais na vida, as implicações serão até mais significativas. Imagine só que espécie de mundo seria este se todos compreendêssemos que podemos ser poderosos em tudo o que fazemos sem tensão nem rigidez.

Espero que estes presentes de despedida sejam úteis para você em sua jornada de maestria, bem como as demais informações oferecidas neste livro. Neste momento, entretanto, sinto-me impressionado pela insignificância de qualquer coisa que eu, ou qualquer outra pessoa, possa lhe dar em comparação com o que já tem. Você é a culminância de uma jornada evolutiva fantástica. Seu DNA contém mais informações do que todas as bibliotecas do mundo; informações que remontam aos primórdios da própria vida. Potencialmente, você é o mais formidável e completo atleta que já perambulou por este planeta. Muitas criaturas possuem órgãos de sentidos mais especializados, mas nenhum sistema sensorial, como um todo, está tão bem equipado e integrado quanto o seu. (O olho humano pode detectar, sem ajuda, um único *quantum* de luz – a menor quantidade possível – e discernir mais de dez milhões de cores.) Seu cérebro é a entidade mais complexa de todo o universo conhecido; seus bilhões de neurônios cintilantes interagem de tão inúmeras e variadas formas, que sobrepujam em algumas áreas a capacidade de qualquer computador já inventado ou mesmo imaginado. A melhor maneira de descrever sua capacidade criativa total é dizer que, para todos os propósitos práticos, ela é infinita.

Qualquer que seja sua idade, educação ou instrução, você é feito de um potencial em grande parte não usado. É seu destino evolutivo usar o que não é usado, aprender e continuar aprendendo enquanto viver. Escolher esse destino, percorrer o caminho da maestria, nem sempre é fácil, mas é a aventura humana suprema. As metas surgirão a distância, serão alcançadas e deixadas para trás, e ainda assim o caminho vai continuar. Jamais acabará.

Como iniciar a jornada? Basta que você dê o primeiro passo. Quando? Há sempre o agora.

EPÍLOGO

O Mestre e o Bobo

"Quero que me diga como posso ser um aprendiz."

Não era tanto uma interrogação; era mais uma exigência, quase uma ameaça. Ele era um homem da montanha, com longos cabelos pretos, um bigode atrevido e roupas grosseiramente talhadas de um fora da lei do século XIX, membro da estirpe que vivia ilegalmente nos morros escarpados na área de Los Padres National Wilderness, ao longo da costa do Big Sur, na Califórnia – lugar de bútios e gaviões, suçuaranas e porcos selvagens. Tendo acabado de entregar as provas finais de um livro sobre educação (no fim da década de 1960), eu saíra de San Francisco rumo ao sul com a ideia de passar um fim de semana de descanso no Instituto Esalen.

Ao me avizinhar da casa – uma construção rústica erguida à beira do Pacífico, em uma das poucas áreas planas entre o mar e as montanhas de Los Padres –, ouvi o som de tambores. No interior, o homem da montanha estava sentado em um dos tambores, cercado de umas oito pessoas, cada uma em um tambor. Aparentemente, ele dava uma aula informal a quem quisesse ouvi-la. Um dos tambores estava desocupado. Sentei-me diante dele e juntei-me aos outros, acompanhando a aula da melhor maneira possível. Quando a sessão terminou, já me preparava para sair, quando o homem da montanha se aproximou de mim, agarrou-me pelo ombro e fitou-me com um olhar significativo.

"Homem", disse ele, "você é um *aprendiz.*"

Fiquei ali, sem fala. Nunca o havia visto antes, e ele, com certeza, não tinha a menor ideia de que eu acabara de escrever um livro sobre aprendizagem. Minhas roupas urbanas e conservadoras tinham-no levado a pensar, provavelmente, que eu era um completo novato naqueles tambores, instrumento preferido da contracultura, e, assim sendo, devia ter ficado impressionado com o meu progresso aparentemente rápido. Mesmo assim, fiquei tão contente com suas palavras que não lhe contei que já os tocara antes. Ele prosseguiu dizendo que era um escultor que trabalhava em metal com um maçarico de acetileno, e que estava parado havia um ano; já deixara de ser aprendiz. Agora ele queria que eu, um aprendiz em sua concepção, fosse até a sua morada em Los Padres, avaliasse seu trabalho e lhe dissesse o que *ele* poderia fazer para voltar a ser um aprendiz. Ele estava de saída e eu poderia segui-lo de automóvel, se quisesse.

O convite desconcertou-me, mas compreendi que aquela era uma rara oportunidade para visitar os antros proibidos de um daqueles lendários homens das montanhas de Big Sur, de modo que aceitei sem hesitar. Segui seu sedã amassado por uma estrada de terra íngreme e tortuosa, atravessei um prado na montanha até chegar a uma estrada que não era nada além de duas trilhas de pneus paralelas através de uma floresta de carvalhos americanos, medronheiros e loureiros. Durante o que me pareceu um longo tempo, o carro seguiu os troncos morro acima, chegando, por fim, a uma clareira próxima do topo da cadeia de montanhas da costa. Na clareira, viam-se diversas estruturas de madeira: uma cabana de dois cômodos, um barracão de instrumentos, um estúdio grosseiro para escultura em metal e algo que poderia ter sido uma gaiola de galinhas ou coelhos. A certa altura da visita, avistei uma moça esguia, com uma graciosa cabeleira loura e um vestido comprido, de pé, feito um fantasma, perto do limiar da clareira. Ele não a mencionou em nenhum momento.

O homem da montanha fez-me entrar em uma cabana de construção robusta, com um janelão na frente que dava para o Pacífico do alto de mil e duzentos metros de altura, cintilante como folha de metal à luz do sol poente. Sentamo-nos e, por algum tempo, conversamos sobre coisas desconexas. Vi-me um tanto desorientado. Não fora a presença de vários tambores, poderíamos estar sentados na cabana primitiva de um pioneiro do início do século XIX. Tudo parecia um sonho: o convite inverossímil, a subida pelas escarpas, a mulher misteriosa, o brilho amplo do oceano por entre as árvores.

Quando o homem da montanha me anunciou que iríamos olhar seu trabalho, para que eu pudesse lhe dizer como ser um aprendiz, segui-o em silêncio, sem a menor ideia do que poderia dizer que lhe fosse de alguma utilidade. Ele conduziu-me por suas esculturas em ordem cronológica, mostrando-me o ponto em que perdera a centelha criativa e deixara de ser um aprendiz. Quando terminou, fixou os olhos em mim e repetiu a pergunta mais uma vez.

"Diga-me: como posso ser um aprendiz?"

Minha mente ficou totalmente em branco, e me ouvi dizendo:

"É simples. Para ser um aprendiz, você precisa estar disposto a ser um bobo."

O homem da montanha balançou a cabeça, pensativo, e respondeu: "Obrigado". Trocamos ainda algumas palavras, entrei no meu carro e desci a montanha.

Diversos anos se passariam antes que eu pensasse na possibilidade de que minha resposta fosse algo além de uma parte de um daqueles episódios meio esquisitos e facilmente esquecidos dos anos 1960. Entretanto, chegou uma hora em que ideias vindas de outros lugares – todo o gênero de ideias – começaram a se aglutinar em torno das minhas palavras descuidadas de aconselhamento, e passei a enxergar mais que uma relação casual entre o aprendizado e a disposição para ser bobo; entre o mestre e o bobo. Compreenda-se que não entendo por bobo uma pessoa estúpida, incapaz de pensar, mas uma pessoa com o espírito do bobo medieval, o bobo da corte, o louco despreocupado do Tarô, acompanhado do espantoso número zero, que significa o vazio fértil de que brota toda a criação, o estado de vacuidade que permite às coisas novas começarem a existir.

O tema do vazio como condição prévia da aprendizagem significativa aparece no conhecido conto do sábio que se aproxima do mestre zen, arrogante em seu imenso saber, e pergunta como pode se tornar ainda mais sábio. O mestre apenas despeja chá na xícara do sábio e continua despejando-o, até a xícara transbordar e o chá cair sobre o sábio, fazendo-o saber, sem necessidade de palavras, que, em uma xícara cheia, já não há espaço para mais nada. E há também a questão de por que os jovens, às vezes, aprendem coisas novas mais depressa do que os velhos; por que minhas filhas adolescentes, por exemplo, aprenderam danças novas que eu fui incapaz de aprender? Teria sido justamente porque estavam dispostas a fazer o papel do bobo, e eu, não?

Tome o caso do infante de dezoito meses que está aprendendo a falar. Imagine o pai debruçado sobre o berço em que o filho pequenino se empenha no que o behaviorista B. F. Skinner denomina condicionamento operante; isto é, ele está só balbuciando vários sons sem sentido. Desse balbucio sai a sílaba *pa*. O que acontece? Um largo sorriso ilumina o rosto do pai, que começa a pular e a gritar: "Está ouvindo? Meu filho disse 'papai'". É evidente que ele não disse "papai". Mesmo assim, nada é mais compensador para uma criancinha de dezoito meses do que ver um adulto sorrindo largamente e pulando feito um maluco de um lado para o outro. Nessas condições, os behavioristas confirmam nosso bom senso dizendo-nos que a probabilidade de o infante pronunciar a sílaba *pa* aumentou agora ligeiramente.

O pai continua a se deliciar com o *pa*, mas, passado algum tempo, o entusiasmo começa a se desvanecer. Finalmente, o nenenzinho acerta dizer, não *pa*, mas *papa*. Mais uma vez, o pai fica quase louco de alegria, aumentando assim a probabilidade de que o filho repita o som *papa*. Por meio desses reforços e aproximações, o garotinho aprende, por fim, a dizer *papai* com perfeição. Mas lembre-se de que, para fazê-lo, não só lhe foi permitido balbuciar, mas ele também foi encorajado a isso, a cometer "erros", a realizar aproximações – em suma, a ser um bobo.

E se esse tipo de permissão não lhe tivesse sido outorgado? Voltemos à mesma cena. Lá está o pai inclinado sobre o berço do filho de dezoito meses. Do balbucio da criança destaca-se a sílaba *pa*. Desta vez, o pai endurece o semblante e diz: "Não, filho, está *errado*! A pronúncia correta é *pa-pai*. Agora repita comigo: *pa-pai, pa-pai, pa-pai*".

O que aconteceria nessas circunstâncias? Se todos os adultos que ficam em torno de uma criança respondessem dessa maneira, é muito possível que ela nunca aprendesse a falar. De qualquer modo, ela seria atormentada por sérias dificuldades de fala e psicológicas.

Se esse enredo lhe parece exagerado, pense por um momento nos aprendizados que você perdeu porque seus pais, seus companheiros, sua escola, sua sociedade não lhe permitiram ser alegre, livre e tolo no processo de aprendizagem. Quantas vezes você deixou de tentar algo novo com medo de parecer ridículo? Quantas vezes censurou sua espontaneidade com medo de ser considerado infantil? Péssimo. O psicólogo Abraham Maslow descobriu uma qualidade infantil (chamou-lhe "segunda ingenuidade") em pessoas que depararam com um grau inusitadamente alto do seu potencial. Ashleigh Montagu usou o termo "neotania" (procedente de neonato, que quer dizer recém-nascido) para descrever gênios como Mozart e Einstein. O que reprovamos como tolice nos amigos, ou em nós mesmos, arrancará de nós, quando muito, um sorriso complacente pela excentricidade de um gênio de renome mundial, e nunca paramos para pensar que a liberdade de ser tolo bem poderia ser uma das chaves do sucesso desse gênio – ou até de alguma coisa básica, como aprender a falar.

Quando Jigoro Kano, fundador do judô, chegou à extrema velhice e já estava próximo da morte, segundo reza a história, chamou os discípulos, reuniu-os à sua volta e disse-lhes que queria ser enterrado com sua faixa branca. História tocante; quanta humildade a de quem, considerado um dos maiores praticantes do judô de todo o mundo, nos últimos dias, pedia que o sepultassem com o emblema do principiante! Acabei compreendendo, porém, que o pedido de Kano era menos humilde e mais realista. No momento da morte, da derradeira transformação, somos todos faixas brancas. E, se a morte nos faz principiantes, o mesmo faz a vida – reiteradamente. No espelho secreto do mestre, até no momento de seu mais alto renome e realização, há uma imagem do mais novo aluno da turma, ávido de conhecimentos, disposto a bancar o bobo.

E, para todos os que percorrem o caminho da maestria, por mais que a jornada tenha avançado, o pedido de Kano torna-se uma pergunta permanente, um desafio sempre novo:

Está disposto a usar sua faixa branca?